本书由国家社会科学基金重点项目"垄断认定过程中的相关市场界定的方法比较与应用研究"(项目编号：12AZD099)资助出版

黄 坤 著

企业并购审查中的相关市场界定

理论与案例

RELEVANT MARKET DEFINITION
IN MERGER REVIEW
Theory and Cases

社会科学文献出版社
SOCIAL SCIENCES ACADEMIC PRESS (CHINA)

摘　要

相关市场是反垄断领域的核心概念。相关市场界定是反垄断领域的幽灵，是经济学家摆脱不掉的恶魔。除了适用"本身违法原则"的少数案件外，不管是滥用市场支配地位案件、垄断协议案件，还是经营者集中案件，在评估案件的反竞争效果之前，执法机构一般都需要界定一个相关市场。

在澄清相关市场界定的理论问题和交代国内研究现状的基础上，本书首先系统梳理了相关市场界定的常用方法。然后，在相同的假设条件下，考察了一般需求系统、线性需求系统和不变弹性需求系统三种情形下假定垄断者测试及其执行方法之间的联系。接着，放松需求曲线平滑、在价格上涨区间内边际成本不变、备选产品之间互为替代品三个假设条件，考察了放松这些假设可能带来的后果，并给出了相应的解决办法。最后，通过对可口可乐拟并购汇源案和甲骨文并购太阳公司案的分析，从实践层面考察企业并购中的相关市场界定问题，比如，在具体案例中如何界定相关市场，各种常用方法在真实案例中存在何种联系，等等。

研究结果表明：

（1）需求函数形式的选择、相关市场界定方法的选取都会影响相关市场界定的结果。

（2）假定垄断者测试的版本和价格上涨方式也是决定相关市场界定结果的重要因素。

（3）当备选市场上有多种差异化产品时，假定垄断者测试及其执行方法的"可以获利"版是失效的。为了解决该问题，本书提出了一种新的临界分析思路。

（4）在需求曲线存在尖点，或者在价格上涨区间内边际成本可变时，采用常用方法来界定相关市场将会界定出过宽或过窄的相关市场。为了解决该问题，本书提出了基于推测变分技术的临界损失分析，可以避免界定出过宽或过窄的相关市场。

（5）在具体案例中，不同的相关市场界定方法可能会界定出相同的相关市场。当公开数据很少时，可采用马尔可夫矩阵等方法来尽量挖掘相关市场界定所需要的信息。

Abstract

"Relevant market" is a key concept in the antitrust field. Relevant market definition is a ghost in the antitrust field, a devil from which economists want to free themselves. Except for a few cases to which the per se rule applies, law enforcement authorities have to define a relevant market before evaluating the anticompetitive effects in merger cases, cartel cases or market dominant position abuse cases.

The book first clears relevant theoretical issues and the research situation of relevant market. Second, the book reviews definition methods for relerant market systematically. Third, under the same settings, studies the relations among SSNIP and its implementation methods in three scenarios: unknown demand function, linear demand function and constant elasticity demand function. Then relaxing some hypothese: demand curves are smooth, marginal cost keeping constant in the price rise range, candidate products are substitutes of each other, investigates the consequences of relaxing them, and proposes a new way to solve the problems. Finally, we will analyze Coca - Cola/ Huiyuan case and Oracle/Sun case. Through the two cases, we study practical problems during the course of defining relevant market in real cases. For example, how to define relevant market in real cases? What are the relations among many popular relevant market definition methods in real cases?

Our results show that:

(1) The choice of demand function or relevant market definition method may decide the boundary of relevant market.

(2) The version of SSNIP or price increase style also has important impacts on relevant market definition.

(3) When there are two or more different goods in candidate market, the "can" version of SSNIP and its implementation methods is invalid. In order to solve this problem, we propose a new way to implement critical loss analysis.

(4) If the kink of demand curve closes to origin, it may lead to cellophane fallacy. If the kink of demand curve is away from origin, it may lead to reverse *cellophane fallacy*. If marginal cost increases in the range of price rise, we may define a too broad relevant market. If marginal cost decreases in price rise range, we may define a too narrow relevant market. In order to define relevant market correctly, we propose an approach which is based on conjecture to implement critical loss analysis.

(5) In real cases, different relevant market definition method may define the same relevant market. When short of information, we need to collect information in all kinds of ways. For example, Markov matrix can tell us some demand substitute information.

目 录

前 言 ·· 1

第一篇 理论研究

第一章 绪论 ·· 11
第一节 相关市场界定的基本问题 ································ 11
第二节 相关市场界定的重要问题 ································ 25
第三节 国内研究现状 ·· 30
本章小结 ··· 33

第二章 相关市场界定方法 ·· 34
第一节 早期案例中提出的相关市场界定方法 ··············· 35
第二节 基于套利理论的方法 ······································· 38
第三节 假定垄断者测试及其执行方法 ························ 45
本章小结 ··· 68

第三章 假定垄断者测试及其执行方法：一个框架 …………… 71
第一节 需求函数形式未知 ……………………………………… 73
第二节 需求函数形式为线性 …………………………………… 86
第三节 需求函数形式为不变弹性 ……………………………… 115
本章小结 …………………………………………………………… 124

第四章 临界损失分析：拓展和新思路 …………………………… 126
第一节 临界损失分析：一个新拓展 …………………………… 126
第二节 临界损失分析：一种新思路 …………………………… 137
本章小结 …………………………………………………………… 141

第二篇 案例研究

第五章 相关市场界定的法律依据 ………………………………… 145

第六章 可口可乐拟并购汇源案 …………………………………… 148
第一节 案件简介 ………………………………………………… 149
第二节 中国软饮料市场 ………………………………………… 150
第三节 涉案产品 ………………………………………………… 156
第四节 需求系统的设定和估计 ………………………………… 158
第五节 相关市场界定 …………………………………………… 163
本章小结 …………………………………………………………… 171

第七章　Oracle/Sun 并购案 ·················· 173
第一节　案件简介 ························· 173
第二节　相关产品 ························· 175
第三节　相关产品市场 ····················· 177
第四节　相关地域市场 ····················· 186
本章小结 ······························· 187

参考文献 ······························· 190

索　引 ································ 212

后　记 ································ 214

Contents

Introduction / 1

Part I Economic Theory of Relevant Market Definition

Chapter One Introduction / 11

1. Basic Problems of Relevant Market Definition / 11

2. Key Problems in Relevant Market Definition / 25

3. Research Status in China / 30

Conclusion / 33

Chapter Two The Methods of Relevant Market Defintion / 34

1. The Methods of Relevant Market Definition in USA Early Cases / 35

2. The Methods of Relevant Market Definition Based on Arbitrage / 38

3. SSNIP and its Implements / 45

Conclusion / 68

Chapter Three   SSNIP and its Implementation: A Framework / 71

1. Demand Function is Unknown / 73

2. Demand Function is Linear / 86

3. Demand Function is Constant Elasticity / 115

Conclusion / 124

Chapter Four   Critical Loss Analysis: Expansion and a New Implementation Approach / 126

1. Critical Loss Analysis: An Expansion / 126

2. Critical Loss Analysis: A New Implementation Approach / 137

Conclusion / 141

Part II   Cases

Chapter Five   Relevant Laws and Guidelines in China / 145

Chapter Six   Coca-Cola and Huiyuan / 148

1. Introduction / 149

2. Chinese Soft Drink Market / 150

3. Relevant Products / 156

4. Speciation and Estimation of Demand System / 158

5. Relevant Market Definition / 163

Conclusion / 171

Chapter Seven   Oracle and Sun / 173

  1. Introduction / 173

  2. Relevant Products / 175

  3. Relevant Product Market / 177

  4. Relevant Geographic Market / 186

  Conclusion / 187

References / 190

Index / 212

Postscript / 214

前　言

在中国经济转型的过程中，垄断既是一个制约中国可持续发展的体制问题，也是市场经济中一个不可避免的复杂的经济现象。在垄断行为认定的过程中，相关市场界定是一个非常具体的问题，但也是一个非常重要的甚至可能直接影响反垄断审查结果的问题。

一　选题意义

在反垄断实践中，不管是研究单个企业的滥用支配地位行为、两个企业之间的并购行为，还是研究多个企业之间的卡特尔行为，通常都绕不开界定相关市场这一环节。[①] 只有相关市场界定清楚了，执法机构才可以通过计算其市场份额[②]来评估某个企业是否具有市场支配地位[③]；

[①] 适用"本身违法原则"的案件除外。
[②] 这里的"市场份额"不是通常意义上的政府或企业统计的市场份额，而是与某个反垄断案件相关的企业在相关市场内所占的份额。
[③] 《反垄断法》第十九条规定，满足下列情形之一的，可以推定经营者具有市场支配地位：（一）一个经营者在相关市场内的市场份额达到二分之一的；（二）两个经营者在相关市场内的市场份额达到三分之二的；（三）三个经营者在相关市场内的市场份额达到四分之三的。第二、三项情形下，如果有的经营者的市场份额不足十分之一，那么不能推定该经营者具有市场支配地位。当然，也可以采用勒纳指数等方法直接评估涉案企业的市场支配力。

通过考察并购前后相关市场的市场结构变化，来评估并购实施后是否会增加并购企业的市场支配力，或者并购行为是否会产生便于并购企业行使市场支配力的市场条件；通过考察垄断协议生效前后相关市场的市场结构变化，来评估垄断协议的实施是否具有排除、限制竞争的效果。

Werden 和 Froeb（1993）认为，相关市场是反垄断法的基础，特别是反垄断法中与企业并购相关的部分。Motta（2004）指出，界定相关市场是评估市场势力的首要步骤。Baker（2007）认为："纵观美国的反垄断诉讼历史，多数案例的解决最终要寻求于市场界定而不是其他重要的反垄断议题。市场界定在评估市场势力和判断企业的市场行为是否具有反竞争效果方面，经常是极为关键的一步。"Blair 和 Kaserman（2009）则认为："如果不是在所有的反垄断案例中，至少在绝大部分反垄断案例中，市场界定是至关重要的。"

由于相关市场界定如此重要，所以自1890年《谢尔曼法》颁布实施以来，执法当局和学者们一直在研究相关市场界定问题，对相关市场界定的认识逐渐深入，提出了众多的相关市场界定方法，提高了相关市场界定的执法透明度和执法效率，相关文献可谓汗牛充栋，但现有文献仍然存在如下不足。

（1）许多重要的相关市场界定的理论问题仍没有澄清。相关市场的内涵是什么？现有文献给出的定义其实都只是一种划定相关市场边界的方法或原则，而不是真正的定义。目前大多数学者已经认识到相关市场界定的重要性，但它到底是一种通过计算市场份额间接评估市场支配力的方法的前提条件，还是所有反垄断案件审查的前置程序？其背后的法律意义显然不同。迄今为止，学者们已经提出了许多相关市场界定方法。这些方法的同时存在，引出了是否存在一种方法，能适用于所有反垄断案件的问题。比如，假定垄断者测试是在美国《横向并购指南》中提出的，但其是否也适用于非横向并购案件？此外，经济学证据和经济学家在相关市场界定中应该发挥什么作用？

（2）对相关市场界定方法缺乏系统、深入研究。在同一个案例中，不同的相关市场界定方法可能会导致不同的相关市场，在这种情况下，需要考察它们之间的联系。现有文献大多集中研究单个相关市场界定方法，在指出以前方法不足的基础上，完善这种方法，或者提出新的方法，但并没有系统考察这些方法之间的联系。

当现有方法的适用前提得不到满足时，如何界定相关市场？比如，现有方法一般都假设在价格上涨区间内需求曲线是平滑的、边际成本是不变的、产品之间是相互替代的。如果这些条件有一条得不到满足，现有方法将会失效。在这种情况下，或者需要拓展现有方法，使之可以应用到特殊情形的案例中，或者需要提出新的方法。

（3）我国反垄断执法中的相关市场界定问题的研究基本处于空白。相关市场是某个反垄断案件相关的市场。如果没有实质参与具体案例中的相关市场界定工作，也没有获取详细的企业数据，那么肯定无法深入研究具体案例中的相关市场界定问题。相关市场界定的流程是什么？相关产品是涉案企业的每一种产品，还是每一大类产品？应该根据什么原则选择界定方法？如果采用假定垄断者测试，其恰当的起点是什么？如果需要估计需求系统，应该选择哪种类型的需求函数？如果选择不同的方法界定出不同的相关市场，应该如何处理？由于对相关市场的认识不足，或者无法获取充足的数据和信息，国内仅有的少数文献或者基本上没有涉及这些问题，或者只是泛泛而谈，对相关问题的学术贡献无从谈起，更谈不上对反垄断执法的支撑。

二 研究内容

针对现有文献的不足，本书拟从以下几个方面展开研究。

首先，尝试澄清相关市场界定的基本问题和重要问题。相关市场的内涵是什么？它与经济学中的市场、国民经济行业分类中的行业之间有何区别与联系？相关市场界定到底有多重要？所有的反垄断案件是否都需要界定相关市场？如果答案是肯定的，这意味着界定相关市场是反垄断审查的前提条件；如果答案是否定的，那么哪些案件不需要界定相关市场？比如到底在什么情况下，可以不考虑相关市场界定，直接认定市场支配力，甚至直接基于经济学理论，根据市场行为直接评估竞争效应？相关市场界定方法在不同类型的反垄断案件中是否可以通用？比如，美国《横向并购指南》中提出的假定垄断者测试是否可以应用于非横向并购案件？相关市场界定需要经济学家的参与，他们在其中应该扮演什么角色？等等。

其次，全面、系统、深入地研究相关市场界定方法。通过构建统一的分析框架，考察假定垄断者测试及其执行方法在各种情景下界定出的相关市场之间的联系，分析不同的界定方法是否会界定出不同的相关市场及原因；然后放松一些与现实不符的假设条件，拓展现有方法或提出新的方法以解决"玻璃纸谬误"等特殊情况下的相关市场界定问题。

最后，本书拟通过可口可乐拟并购汇源案和甲骨文并购太阳公司案等典型案例，详细说明具体案例中的相关市场界定问题。比如，如何确定相关产品？怎么选择相关市场界定方法？如何处理采用不同方法界定出不同的相关市场的问题？如果采用假定垄断者测试来界定相关市场，如何选择起点？备选市场的扩展方向如何确定？如果需要定量估计需求系统，怎样选择不同类型的需求函数，等等。

三 主要结论

针对相关市场界定的一些基本问题和重要问题，第一章提出了如下新的见解：①相关市场是反垄断案件的可能影响范围，也是评估该案件是否具有反竞争效果的背景；②界定相关市场的根本原因在于经济学意义上的市场和产业与反垄断意义上的相关市场的内涵不同；③界定相关市场的根本目的是识别出能有效约束并购企业行为的所有力量，包括上游具有一定卖方市场支配力的原材料供应商、生产同类或替代产品的竞争者和具有一定买方市场支配力的集团消费者；④相关市场界定对反垄断执法至关重要，一般情况下，它是进行其他反垄断分析的前提条件；⑤并购案与非并购案应该适用同一个原则，即不管采用何种方法，最终都要识别出能有效约束所关注企业的全部约束力量；⑥在相关市场界定过程中如何对待供给替代并不重要，重要的是如何解决买者、卖者和产品的异质性问题，在相关市场界定过程中只考虑需求替代，买者、卖者和产品异质性的存在，同样会低估并购企业的市场支配力；⑦并购模拟和 UPP 方法与相关市场界定之间是互补关系；⑧相关市场界定离不开经济学。

第二章系统介绍了相关市场界定的方法，将其归为三类：一是早期案例中提出的方法，包括需求交叉弹性法、"合理的互换性"测试、"独有的特征和用途"测试和聚类市场法等；二是假定垄断者测试及其执行方法，包括临界损失分析、临界弹性分析、转移率分析、剩余需求分析和机会成本法；三是基于套利理论的方法，包括价格相关性检验和运输流量测试。

在相同的假设条件下，第三章分别考察了需求函数形式未知、线性需求系统和不变弹性需求系统三种情形下假定垄断者测试、临界损失分析和临界转移率分析等常用方法之间的联系，以及各种方法内部不同情形之间的联系。主要结论如下。

（1）在需求函数形式未知的情形下，各种常用方法之间不存在确切的联系。

（2）当需求函数形式已知时，在相同的需求系统下，不同的方法可能界定出相同的相关市场。在线性和不变弹性需求系统下，当备选市场上只有一种产品时，假定垄断者测试和临界损失分析将会界定出相同的相关市场；当备选市场上有多种产品时，它们之间的关系需要具体案例具体分析。

（3）当需求函数形式已知时，在不同的需求系统下，同一种方法可能界定出不同的相关市场。在线性需求系统下，假定垄断者测试和临界损失分析界定出的相关市场可能宽于不变弹性需求系统相应情形下的相关市场。

（4）需求系统的设定可能影响不同方法之间的联系。在线性需求系统下，临界损失分析和临界弹性分析基本上是等价的；而在不变弹性需求系统下，二者是不等价的。具体来说，在"利润不变"情形下，临界损失分析定出的相关市场可能窄于临界弹性分析界定出的相关市场。在"利润最大化"情形下，则无法判断临界弹性分析与临界损失分析之间的联系。

（5）在不变弹性需求系统下，当备选产品的自价格弹性绝对值小于1时，假定垄断者测试、临界损失分析和临界弹性分析的"将会获利"版将失效，而在线性需求系统下，则不会出现这种情况。

第四章放松了需求曲线是平滑的、价格上涨区间内边际成本不变和备选产品之间互为替代品三个假设，考察这些假设条件的放松对相关市场界定结果的影响，并提出相应的解决办法。研究表明：①当需求曲线存在尖点时，如果需求曲线是折向原点的，那么可能会产生"玻璃纸谬误"，界定过宽的相关市场；如果需求曲线是折离原点的，那么可能产生逆向的"玻璃纸谬误"，界定过窄的相关市场。②当价格上涨区间内边际成本发生变化时，如果边际成本由小变大，那么可能会界定过宽的相关市场；反之，则可能界定过窄的相关市场。③如果忽略了备选市场上产品之间的互补性，在单一价格上涨的情景下，可能会界定过窄的相关市场；在统一价格上涨情景下，产生的后果则视具体案例而定。④本书提出的推测变分法可以有效解决需求曲线非平滑和价格上涨区间内边际成本发生变化时的相关市场界定问题。

第五章简要介绍了我国相关市场界定的有关法律法规。

第六章通过分析备受关注的汇源案，着力回答了以下问题：①在具体案例中如何界定相关市场。首先，从宏观上判断案件所处的行业，分析行业的竞争状况和经济特征；其次，界定涉案产品；再次，如果条件允许的话，估计涉案产品的需求系统；最后，从定性或（和）定量的角度选择恰当的方法界定相关市场。②各种常用方法在真实案例中存在何种联系。研究表明，不同的方法或分析起点可能是殊途同归的。在汇源案中，假定垄断者测试和临界损失分析界定的相关市场是相同的，以碳酸饮料和果汁为分析起点，临界损失分析界定出的相关市场也是相同的，即碳酸饮料和果汁分处两个相关市场。③商务部的相关市场结论是否合理。研究结果表明，商务部界定的相关产品市场是合理的，而相关地域市场不太合理。

第七章分析了甲骨文并购太阳公司案的相关市场界定问题，研究表明：①在混合并购案件中，通常需要界定至少两个相关市场：一个横向竞争的和一个纵向限制的；②当案件的数据较少，无法估计需求系统时，只要充分利用有限的信息，一般仍然可以相对科学地界定出相关市场；③只要重新认识免费产品的价格和成本概念，通常仍然可以采用假定垄断者测试等方法来界定包含它的相关市场。

第一篇 理论研究

第一章 绪论

虽然自 1890 年《谢尔曼法》(Sherman Act) 颁布实施以来，人们一直在探索相关市场界定问题。但是时至今日，相关市场界定领域的很多理论和现实问题仍没有彻底解决。比如，什么是相关市场？为什么要界定相关市场？如何界定相关市场？等等。本章以相关市场界定的基本问题和重要问题为线索，尝试澄清相关市场界定的理论问题。

第一节 相关市场界定的基本问题

本节主要探讨什么是相关市场、为什么要界定相关市场和界定相关市场的意义，以及相关市场与市场和产业的关系等相关市场界定的基本问题。

一 相关市场的概念和内涵的演进

1948 年，美国最高法院在美国政府起诉哥伦比亚钢铁公司案 (United States v. Columbia Steel Co.) 的决定中，首次使用了"相关市场"（relevant market）一词。但是，法院并没有给出界定相关市场的标准，因为它意识到设定一个标准用以判断哪些产品或区域之间是相互竞争的是一件很困难的事情。法院最终认定哥伦比亚钢铁公司的收购行为并没有触犯《克莱顿法》（Clayton Act）。国会对此案的判决结果非常不满，这加速了1950年《塞勒－凯弗尔法》（Celler - Kefauver Act）的颁布和《克莱顿法》第7章的修订。《塞勒－凯弗尔法》禁止一切股票或资产收购行为，只要该行为可能会显著削弱美国某些区域、某些商业的竞争强度。后来，学者们普遍认为，"某些区域""某些商业"等同于现在常用的"相关地域市场"和"相关产品市场"。这是"相关市场"的内涵首次在法律中得以明确体现。

在1953年Times - Picayune Publishing Co. v. United States案中，美国最高法院第一次为相关市场界定设定了一些初步原则。比如，作为经济学和法学中的常用概念，"市场"不能用米和行政边界来度量。法院认为，相关市场由产品组成。市场内产品与市场外产品的需求交叉弹性较小。也就是说，根据需求交叉弹性来界定相关市场。但是，至于需求交叉弹性应该在多少以上，才能将一种产品纳入相关市场内，法院并没有给出一个具体标准。

在1956年杜邦玻璃纸案（Du Pont Cellophane Case）中，美国最高法院将相关市场界定为一组产品。将产品的价格、用途和质量因素考虑进去后，这些产品在功能上具有一定的互换性。该定义从消费者的角度强调产品功能之间的互换性，其实质仍是经济学家考虑的需求交叉弹性。产品功能之间的互换性较强只不过是产品之间需求交叉弹性较大的一种表现形式而已。现实中，很多产品之间都具有一定的功能互换性，比如啤酒可以代替面包充饥，该定义赋予反垄断执法机构极大的自由裁量权，它们可以界定任意宽的相关市场。

该案最终将相关市场界定为柔性包装材料，这样杜邦公司的市场份额较低，于是法院认为杜邦公司并没有触犯《谢尔曼法》。该案的判决结果在当时引起了极大的社会反响，学者们纷纷指责，法院忽略了杜邦公司已经在玻璃纸市场中具有支配地位的事实，将相关市场界定得过宽。①

法院可能意识到自己在杜邦玻璃纸案中的错误。在1957年的杜邦－通用案（Du Pont v. General Motors）中，美国最高法院认为，具有不同特性的产品应该分处不同的相关市场。换句话说，相关市场应由具有相同性质的产品组成。该定义强调产品的独特性。像世界上没有两片相同的树叶一样，所有产品之间都具有一定的差异性。Reycraft（1960）认为，杜邦－通用案给执法机构颁发了任意界定相关市场的许可证。

时隔一年，美国最高法院赋予了相关市场两种截然不同的内涵。这引发了学者们对并购案和滥用市场支配地位案是否适用相同的相关市场界定标准的争议。② 在后面的章节中我们将详细讨论该问题。为了调和最高法院对相关市场前后矛盾的表述，美国最高法院在1962年布朗鞋业案（Brown Shoe Co. v. United States）的专家意见（opinion）中写道：一个产品市场的外边界由产品之间功能的合理互换性或需求交叉弹性决定。但是，在这个较宽市场的内部，可能存在一个边界清晰的子市场，该子市场本身构成反垄断意义上的产品市场。子市场的边界可以通过考察如下实用指标（practical indicia）确定：行业或公众对子市场作为一

---

① 比如，Dirlam J. B. and I. M. Stelzer, "The Cellophane Labyinth", *Antitrust Bulletin*, 1956, 1, pp. 633 – 651; Gesell, G. A., "Legal problems Involved in Proving Relevant Markets", *Antitrust Bulletin*, 1957, 2, pp. 463 – 478; Stocking, G. W., *Economic Tests of Monopoly and the Concept of the Relevant Market*, 1957, 2, pp. 479 – 493; 等等。

② 杜邦玻璃纸案为滥用支配地位案，适用《谢尔曼法》；杜邦－通用案为企业并购案，适用《克莱顿法》。

个独立经济体的认可程度、产品的特性和用途、专用生产设备、独立的消费群体、对价格变化的敏感程度、特殊的运营商。

虽然上述表述从表面上统一了相关市场的界定标准，但是在实际执行的过程中，反垄断执法机构仍然具有选择执行标准的自主权，需要界定较宽的相关市场时，选取合理的功能互换性标准；需要界定较窄的相关市场时，采用子市场概念。Hall 和 Pillips（1964）将子市场比作一个几乎没有经济含义的怪胎。Upshaw（1965）认为，产品子市场观点是建立在一个微妙而根深蒂固的错误基础上的。Hale 和 Hale（1966）进一步指出，为了达到想要的市场份额，执法机构可以任意扩大或缩小产品市场范围。

美国最高法院并没有在对"子市场"的指责声中停下创新步伐。1963 年，在费城国家银行案（United States v. Philadelphia National Bank）中，法院又创造了一个反垄断市场——聚类市场（cluster market）。聚类市场的内涵是各种不具有替代性的产品束。更确切地说，这些产品之间具有一定的互补性。它们使得一类企业相对于其他企业具有竞争优势，比如多产品企业相对于单产品企业拥有范围经济。在反垄断实践中，有时候为了方便，也会将一些不太重要的产品看作一种产品。Ayres（1985）认为，存在显著交易互补性的产品之间可以构成一个聚类市场。该类市场一般出现在银行并购案、医院并购案和杂货店或百货公司并购案中，现在已很少采用聚类市场概念。

由于反垄断执法机构总是可以通过赋予相关市场不同的内涵或提出新的相关市场概念而获得它们想要的市场份额，所以它们总能在企业并购诉讼案中获胜。为了改变这种状况，约束执法机构的行为，并提高执法透明度，美国司法部反垄断局的首席经济学家 Turner 主持起草了美国第一个并购指南（1968）。该指南规定：一个市场由一组销售活动

（或其他商业交易）组成。市场内每个企业的销售活动相对于市场外的企业来说都具有一定的竞争优势。这种优势不需要很大，只要它可以明确划定一个区域，使得该区域内的卖者之间存在有效竞争，而区域外的卖者和区域内的卖者不能展开有效竞争。

根据当时美国最高法院的一些最新判例，我们了解到上述定义试图为相关市场界定设定一些原则。它避免采用"子市场"概念，也没有提及"实用指标"，仅要求市场内的产品或区域相对于市场外的产品或区域有一定的竞争优势。The Task Force（1969）认为，该定义没有给出确立"一定的竞争优势"的标准，很难界定出合理的相关市场。Posner（1976）则批评该定义没有考虑供给替代。Werden（1983）指出，依据该定义任何与其替代品存在稍微不同的产品和地域都可以构成相关市场。也就是说，该定义仍然没有有效限制执法机构在相关市场界定上的自由裁量权。

由于1968年并购指南给出的相关市场定义存在以上缺点，所以它并没有得到广泛接受。到1982年新版并购指南出台前，地方法院主要依据布朗鞋业案提出的"子市场"和"实用指标"来界定相关市场。由于不同的地方法院对"子市场"和"实用指标"的理解不同，使得地方法院之间的相关市场界定标准不一。分歧最大的是在相关市场界定过程中，如何对待供给替代。比如，第9巡回法院主张在相关市场界定过程中必须考虑供给替代，而第7巡回法院却拒绝这么做。在此期间，最高法院只判决了少数几个案子，其中大多数以美国政府的失败而告终。政府不再总是胜利者，制定1968年并购指南的初衷在一定程度上得以实现。但是，地方法院在界定相关市场方面的混乱局面[1]，促使了

---

[1] Turner（1980）将这一时期的相关市场界定状况比作"一个血淋淋的混乱局面"（a bloody mess）。

▶ 企业并购审查中的相关市场界定：理论与案例

1982年并购指南的出台。1982年的并购指南规定：①

> 相关市场是一组产品和相应的地理区域。市场内，在没有新进入者的前提下，一个假想的、不受管制的企业向该区域内的所有消费者销售该组产品。该企业可以通过使产品价格在当前或未来某一水平上发生一个小幅的、显著的、非暂时的上涨（Small but Significant and Nontransitory Increase in Price，SSNIP）的方式增加利润。

该定义革命性的贡献在于提出了一种界定相关市场的范式，即通过考察假定垄断者的行为来界定相关市场。与1968年并购指南的定义相比，它在以下两方面做了改进：①明确了判断标准，"小幅的"、"显著的"价格上涨幅度一般为5%～10%，"非暂时的"一般指1年；②明确提出了在相关市场界定过程中无须考虑供给替代（Werden，1983）。但是，当需求曲线存在尖点时，该定义可能会存在问题。② 两年后，美国司法部重新修订了并购指南。1984年的并购指南给出了如下的相关市场定义：

> 市场由一个（束）产品和一片地理区域组成。市场内，一个

---

① 该定义的思想并不新颖。许多学者都表达了该定义的部分思想，比如，Sullivan（1977）主张，相关市场是一个最小市场。市场外的相邻区域的同一产品或同一区域的相邻产品与市场内的相应产品根本无法展开平等竞争。他提出了最小市场观点。Areeda 和 Turner（1978）主张，相关市场由一个企业或一个通过协议或合并组成的企业联盟构成。该企业（企业联盟）有足够的市场支配力来对付每一类消费者。他们提出了企业联盟的观点。Boyer（1979）和 Werden（1981）提出了通过考察假想卡特尔的行为来界定相关市场。这与该定义中通过考察假想垄断者的行为来界定相关市场的做法非常接近。

② 现实中可能存在这样一种情形：假定垄断者将产品价格提高5%是无利可图的，而将产品价格提高10%却是有利可图的。此时，如果价格上涨率为5%，那么备选市场不构成相关市场；如果价格上涨率为10%，那么备选市场将构成相关市场。

假想的、追求利润最大化的企业是该区域当前和将来唯一销售该产品（产品束）的企业。在不受价格管制的前提下，为了追求利润最大化，该企业将会使该产品（产品束）价格在当前或未来某一水平上发生一个小幅的、显著的、非暂时的上涨。相关市场是满足上述条件的最小市场。

与1982年定义相比，1984年定义变化最大的是利润标准由"可以"获利变为"将会"实现利润最大化。这一转变使得后来假定垄断者测试基于上述两种思想出现了两个版本。

1984年并购指南颁布后，学者仍旧提出了诸多意见。为了回应学者们的批评（后面我们将详细讨论），1992年和1997年美国对《横向并购指南》进行了修订，完善了1984年定义，将相关市场描绘如下：

> 市场由一个（束）产品和一片地理区域组成。在市场内生产或销售的产品必须通过如下测试：在市场内，一个假想的、追求利润最大化的企业是该区域当前和将来唯一销售该产品（产品束）的企业。在不受价格管制、其他产品的销售条件不变的前提下，为了追求利润最大化，该企业可能将会使该产品（产品束）价格在当前或未来某一水平上至少发生一个小幅的、显著的、非暂时的上涨。相关市场是通过上述测试的最小市场。

与1984年定义相比，1997年定义至少做了以下几个方面的变化：①假定垄断者面临的需求曲线由剩余需求曲线变成马歇尔需求曲线，这意味着在相关市场界定过程中，不考虑备选市场外产品对市场内产品的影响，这是一个重大变化；②价格上涨幅度变成一个开区间，考虑了需求曲线可能存在"尖点"（kinks）的情形；③添加了"可能"一词，考虑了假定垄断者有可能是非理性的情形。经过1997年修订后，相关市场定义基本完善，在刚刚结束的修订中，2010年并购指南并没有对相关市场定义做出大的变动。①

由于欧盟等其他国家或地区界定相关市场的做法基本上都是借鉴美国经验，所以这里就不再赘述。

二　界定相关市场的目的

目前大多数学者认为，界定相关市场是为了评估市场支配力。② 他们认为，界定相关市场的目的就是计算市场份额和市场集中度，通过考察并购前后的市场结构变化来评估某项并购是否会产生或增强市场支配力，抑或产生便于行使市场支配力的条件。言外之意是，如果有其他评估市场支配力的方法，那么就没有必要界定相关市场。我们知道，勒纳指数（Lerner Index）是评估市场支配力的常用指标。在计算勒纳指数时，需要用到企业的价格和边际成本数据。不管这些数据从何而来，它们的背后都隐含着一个相应市场。比如，价格是某种产品某个地区（全国或国际）市场上的价格。也就是说，即使勒纳指数可以评估市场支配力，但是仍然需要界定相关市场，以明确企业价格和边际成本的统计口径。

有的学者则认为，界定相关市场是结构分析方法的必要前提。其言

---

① 但是，这次修订试图绕开相关市场界定这一难题，尝试直接评估涉案企业的市场支配力，甚至直接评估某种行为的反竞争效应。

② 但是，也有很多学者持怀疑态度。比如，Lerner（1934）认为，市场份额和市场集中度不一定是度量市场支配力的最好指标。Mason（1949）指责美国反垄断执法机构在反垄断案件中过于倚重市场份额。Edwards（1949）指出，市场份额可以通过重新界定产业来任意增加或减少，所以用它来评估市场支配力是不合适的。

外之意是，如果我们可以通过并购模拟来评估企业并购的反竞争效应，那么界定相关市场将是多余的。别忘了，并购模拟分析所需的数据背后也蕴涵着一个相应市场。换句话说，并购模拟方法也需要界定相关市场。

Werden（1993a）提出了一个全新的观点——界定相关市场是为了应付反垄断诉讼。他透露，如果司法部没有界定市场，那么上诉到法院的案件很可能被驳回。因此，司法部界定相关市场，并计算市场份额完全是无奈之举。他指出，如果有选择，多数经济学家宁愿放弃结构分析方法。Baker（2007）则认为，界定相关市场的最终目的是识别参与市场活动的企业。

从本质上看，界定相关市场的根本目的是识别出对并购双方具有有效约束力的力量，这些约束力不仅来源于生产同类产品的竞争者，而且来源于上游具有卖方支配力的生产要素供应商，以及下游具有买方支配力的零售商或集团消费者。理由是：①产品是由具体的企业生产的。②企业生产产品需要投入原材料等生产要素，而生产要素的价格会通过生产成本影响产品价格。另外，拥有卖方支配力的生产要素供应商可能会操纵要素价格，间接挤压企业的定价空间。③产品最终会被消费。在现实中，大型零售商或集团消费者拥有一定的买方支配力，会在一定程度上约束企业的提价行为。另外，普通消费者虽然没有买方支配力，但他们的保留价格将成为企业产品定价的上限。

按照美国《横向并购指南》的框架，在相关市场界定清楚后，也会识别市场参与主体。但是，这个过程只是将相关地域内生产相关产品的企业找出来而已。我们知道，现实中企业之间是很不对称的，有大有小，有强有弱，并不是生产同一种产品的所有企业都能有效约束并购方的涨价行为，因此，这种做法并不能真正达到界定相关市场的目的。

三 界定相关市场的意义

早期的经济学家认为,界定相关市场的意义不大,甚至毫无意义。20世纪30年代初到50年代中叶,比较流行的垄断竞争理论认为,产品之间是如此的不同以至每个产品的卖者都至少是其产品的垄断者,也就说,每种产品都可以构成一个产业或市场。如果将多种具有显著差异性的产品放到一个产业或市场,那么这样计算出来的市场份额是没有意义的(Chamberlin,1948,1950;Robinson,1969)。Fisher(1987)也表达了类似的观点。他认为,界定相关市场是反垄断诉讼创建的一个人造物,通过其边界将市场内外的企业区分开来没有任何意义。

Machlup(1952)强调,相关市场界定仅仅是一种便利的分析工具,用以剔除一些不重要的因素,缩小研究问题的范围。Sullivan(1977)表达了类似的观点。他认为,相关市场界定不是一个先决的司法条件,其本身在反垄断法律中也不重要,它只是一个评估市场支配力的辅助工具。

随着研究的深入,目前大多数学者已经意识到界定相关市场的重要性。Werden(1993a)认为,在许多反垄断案例中,相关市场界定是采用结构分析方法评估实际或潜在市场支配力的关键环节。Katz和Shapiro(2003)认为:"尽管许多经济学家认为相关市场界定和市场份额在横向并购分析中得到过分关注,但是,在实践中相关市场界定经常是执法机构进行并购审查的核心内容。"Baker(2007)认为:"纵观美国的反垄断诉讼历史,多数案例的解决最终要寻求于市场界定而不是其他重要的反垄断问题。市场界定在评估市场势力和判断企业的市场行为是否具有反竞争效果方面,经常是极为关键的一步。"Blair和Kaserman

（2009）认为："如果不是在所有的反垄断案例中，至少在绝大部分反垄断案例中，市场界定是至关重要的。"Carlton（2007）认为，虽然界定相关市场"最多是开启反垄断分析的、粗略的第一步"，最多可以用来筛选掉次要的反垄断案件，但是它的这一功能足以产生巨大的社会价值。

四　市场、产业与相关市场之间的关系

前面已经讨论了相关市场的概念和内涵，因此在明确市场和产业概念的基础上，本部分重点讨论市场、产业和相关市场之间的关系。

（一）市场和产业的概念

在经济学和市场营销学中，"市场"可能是使用频率最高的词汇。但是，什么是市场呢？不仅经济学家和市场营销专家对"市场"有不同的理解，即使同为经济学家，他们对"市场"的诠释也可能存在差异。概括起来，大概有如下4种代表性观点：

市场是一个商品和劳务的交换场所。斯蒂格利茨在《经济学》教科书中粗略地说："市场的现代概念是买卖双方在一起交换物品这种传统村镇市场的延伸……今天市场的概念包括任何进行物品交换的场合，尽管这些市场未必完全符合村镇市场。"[①] 该定义强调市场的地理位置属性。当然，随着科技发展，地理位置的概念已经不仅局限于可见的地理位置，比如传统的菜市场；还包括无形的地理位置，比如电子商务平台等。

---

① 斯蒂格利茨：《经济学》，中国人民大学出版社，1997，第13页。

市场是一片同质同价区域。Cournot（1838）将市场界定为："市场是这样一片区域，它所有的组成部分通过自由贸易关系紧密结合起来，以至于它们的价格可以轻易、快速地实现统一。"Marshall（1959）在《经济学原理》一书中引用了该定义，并将其拓展为："一个市场越接近完美，则该市场的所有组成部分在同一时间对同一产品索要统一价格的趋势越强烈。当然，如果市场较大，要将货物运输到不同购买者手中的费用考虑进去……"Stigler（1970）将马歇尔的定义转译为："一个商品市场是这样一片区域，区域内考虑运输成本后的价格将趋向统一。"该定义强调市场的空间维度。

市场是一种交易价格和数量的决定机制。萨缪尔森和诺德豪斯在《经济学》（第18版）中将市场定义为"买者和卖者相互作用并共同决定商品和劳务的价格以及交易数量的机制"①。该定义强调市场的作用机理。

市场是一个客户群。著名市场营销学家菲利普·科特勒认为："一个市场是由那些具有特定的需要或欲望，而且愿意并能够通过交换来满足这种需要或欲望的全部潜在客户所构成的。因此，一个市场的大小就取决于那些表示有某种需要，并拥有使别人感兴趣的资源，而愿意以这种资源来换取其需要的东西的人数。"②

"产业"也是生活中的常客，比如每天见诸报端和广播电视的"加快产业结构调整"和各种产业发展规划。什么是产业呢？

Bain（1952）认为，产业由一组具有紧密替代关系的产品组成。如

---

① 保罗·萨缪尔森和威廉·诺德豪斯：《经济学》（第18版），人民邮电出版社，2008，第23页。
② 菲利普·科特勒、洪瑞云、梁绍明、陈振忠：《市场营销管理》（亚洲版，第二版），中国人民大学出版社，2001，第14页。

果一种产品的需求量并不受行业价格变动的显著影响,那么该产品应该排除在该行业之外。产品之间替代程度的强弱由产品之间的需求交叉弹性大小来表示。Machlup(1952)认为,通过产品需求交叉弹性或要素供给交叉弹性关联起来的企业可以构成一个产业,只要这些交叉弹性非常重要或非常显著,以至企业决策或经济分析时无法忽略它们。Andrews 和 Brunneer(1975)认为,产业是一组拥有类似的生产过程,可以生产出技术上同质的产品的企业。

(二) 市场、产业与相关市场之间的关系

1. 市场与产业的关系

一种观点认为,产业和市场是两个等同的概念,产业经常用作市场的同义词(Robinson,1956)。另一种观点认为市场和产业是两个不同的概念。Brooks(1995)认为,市场由一组消费者和一组为其提供产品和服务的供应商构成,并且这两个集合均包括产品和服务,以及相应的地理位置两个维度;产业是一个生产相同或相似产品的企业集合。菲利普·科特勒等(2001)则认为,商品交易的买方构成市场,卖方构成产业。总的来说,产业决定谁来卖和卖什么,而市场决定如何进行买卖。

2. 市场与相关市场的关系

Werden(1983)认为,经济学意义上的市场是一种没有明确界定的抽象概念,与反垄断市场没有关系。Scheffman 和 Spiller(1987)认为:一方面,二者是有区别的,市场是建立在套利交易基础上的,而相关市场由一组最小的拥有潜在市场支配力的相关产品组成;另一方面,二者又有着密切联系,任何一个相关市场都有一个对应的经济学意义上的市场。相关市场既可能比对应的市场大,也可能比对应的市场小。市

场内供给弹性小的生产者可能会被排除在相关市场之外，而那些市场外供给弹性足够大的生产者，也可以包括在相关市场之内。

从字面上看，相关市场是市场的一个子集。实际上，市场和相关市场是两个完全不同的概念。市场主要是一个经济学和管理学的概念，而相关市场主要是一个法学概念。但是，在反垄断审查的经济分析中，市场和相关市场又具有密切的联系。在具体案例中，通常需要将涉案企业涉足的多个产品和地域市场根据案情进行重组，划定一个或多个相关市场。

3. 产业与相关市场的关系

Werden（1988）认为，SIC（美国的一种产业分类标准）产业既可能比反垄断市场宽，也可能比相关市场窄。他指出，一方面，一个SIC产业经常包括多个非竞争性产品；另一方面，一个反垄断市场有时会包括两个SIC或多个产业。当然，二者也可能重合。Werden（1988）与Pittman和Werden（1990）分别考察了美国司法部审查的固定价格案例和并购案例中4位码SIC产业和反垄断市场的对应关系。研究表明，4位码SIC产业一般比反垄断市场宽很多，二者很少重合。产业一般是全国性的，而相关市场既可能是全国性的也可能是区域性的。

在反垄断执法过程中，如果相关市场与产业不吻合，这意味着需要重新收集数据，因为一般统计数据都以产业为统计口径，那么这将给反垄断执法带来较大的时间和金钱成本。因此，在具体案例中，通常尽量使相关市场与某一产业吻合，以节约执法资源。当然，如果相关市场和产业相差较大，那么重新搜集数据也是值得的。

总的来说，市场、产业与相关市场都是一种分析工具。市场是经济学家和市场营销学家的分析工具。理论经济学家可以不用精确地界定市场，因为它不过是一种分析问题的背景，无须划分其大小。产业主要用来统计数据。相关市场是评估反垄断案件中相关企业的市场支配力的背景。

第二节 相关市场界定的重要问题

本节主要讨论并购案与非并购案（滥用市场支配地位案和垄断协议案）是否适用同一个相关市场界定标准、在相关市场界定过程中是否应该考虑供给替代、相关市场界定与并购模拟之间的关系，以及经济学在相关市场界定中的作用等相关市场界定的重要问题。

一 经济学和经济学家在相关市场界定中的作用

Horowitz（1981）指出，经济学家的主要贡献在于当市场被划定后提醒人们注意（竞争）市场的单一价格特性。Stigler（1982）认为，除了偶尔玩弄一下交叉弹性概念外，相关市场界定问题，不管是理论还是实证，都是有待经济学开发的未知领域。Werden（1992）认为，经济学家的确对相关市场的贡献较少，但是在 Stigler（1982）发表上述评论时，情况已有所改观。Elzinga 和 Hogarty（1973），Shrieves（1978）与 Horowitz（1981）已经基于经济学的套利理论提出了多种相关市场界定方法。

实际上，目前主要的相关市场界定方法都离不开经济学的支持。比如，目前被世界各国广泛采用的临界损失分析方法，在计算临界损失时，理论上需要事先估算产品的边际成本；而在估算实际损失时，需要估计产品的需求弹性。

二 相关市场界定与并购模拟、UPP方法的关系

有的学者认为，相关市场界定和并购模拟、UPP方法之间是一种替代关系。20世纪90年代初，Werden和Froeb等学者提出了并购模拟方法，旨在通过建立经济模型直接评估并购的单边效应。Farrell和Shapiro（2008，2010a）提出了新的评估单边效应的方法——UPP方法。他们都试图用一种新方法代替基于SCP范式的结构方法来评估并购的反竞争效应，以彻底摆脱相关市场界定这个"幽灵"。殊不知经济模型所需要的统计数据都是有统计口径的，即来源于某个市场。也就是说，相关市场界定是反垄断领域摆脱不掉的"恶魔"。

有的学者认为，二者之间是并行不悖的互补关系。Hay和Werden（1993）认为，在相对同质的产品市场，基于相关市场界定的结构分析方法可能是当前的知识水平下评估并购效应的最好方法；而在差异化产品市场，并购模拟方法可能会更好地预测并购的反竞争效应。

三 并购案与非并购案的相关市场界定是否适用同一个标准

并购案与非并购案中的相关市场界定是否适用同一个标准，这一问题有两层含义：其一，它们是否采用相同的相关市场界定方法；其二，它们是否要求相同的划分标准（临界值）。对于该问题，主要有以下几种观点：

（1）涉及同一种产品的并购案与非并购案的相关市场应该完全相同。Adelman（1961）的观点具有代表性。他认为，像天气一样，市场是一个客观存在的东西，不会因为采用《克莱顿法》或《谢尔曼法》

的标准而改变。

（2）并购案与非并购案的划分标准可以不同，但方法应该相同。Keyes（1961）认为《克莱顿法》和《谢尔曼法》要求的证据标准差异应该体现在市场份额的临界值上，而不是体现在不同的相关市场界定方法上。

（3）不管采用何种方法，并购案与非并购案的划分标准应该不同。Turner（1956）认为，《克莱顿法》与《谢尔曼法》要求的竞争损害标准不同，所以并购案和滥用市场支配地位案应采用不同的相关市场界定标准。一般来说，违反《克莱顿法》的竞争损害标准低于违反《谢尔曼法》的竞争损害标准，这意味着并购案的相关市场界定标准一般比滥用市场支配地位案的相关市场界定标准严格。也就是说，并购案的相关市场一般窄于类似条件下滥用市场支配地位案的相关市场。Posner（1976）认为，并购案关注的是并购前后的竞争状况是否恶化，而不是滥用市场支配地位案所关注的当前价格水平是否超过竞争性价格水平。如果在当前价格水平下市场上有紧密的需求替代或供给替代品，那么并购将不会导致产品价格的进一步上升，至于当前价格是竞争性价格还是垄断价格，那是次要的。因此，他主张并购案和滥用市场支配地位案适用不同的相关市场界定标准。

（4）在大多数情况下，并购案与非并购案可以采用相同的方法和划分标准。Werden（2000）和Baker（2007）认为，在大多数滥用市场支配地位案中，假定垄断者测试方法仍是适用的。如果违法行为是前向的，即在调查时尚未实施，此时可以用假定垄断者测试来界定相关市场；如果违法行为是后向的，即在调查时已经发生，此时假定垄断者测试将不再适用。

（5）并购案与非并购案应该采用完全不同的方法。White（2005）

认为，并购案与非并购案的性质差别较大，应该建立一套新的专门用于非并购案的相关市场界定范式。

实际上，相关市场是一个非常具体的东西。不同的案件应该有不同的相关市场。如果市场结构变化较快的话，同一种案件在不同的时点也应该界定不同的相关市场。但是，所有的反垄断案件，包括并购案与非并购案，都应该适用同一个原则，即不管采用何种方法，最终都要识别出能有效约束所关注企业的全部约束力量。

四 供给替代在相关市场界定中的地位

当某区域某种产品的价格上涨一定幅度后，在利润驱动下，其他区域生产同种产品的企业将会在该区域设立新工厂或将产品运输到该区域；生产其他产品的企业也将通过新设或改造生产线等方式开始生产供应该产品。如果这些企业在短时间内（比如1年）不用花费太高的沉没成本，就可以向该区域供应该产品，那么这些企业的生产能力将被视为该区域该产品的供给替代。

在相关市场界定过程中，是否应该考虑供给替代，学者们对此争论不一。支持方认为，供给替代在一定程度上可以约束并购企业的市场支配力，在相关市场界定过程中，应该考虑供给替代（Barnes，1956；Adelman，1961；Posner，1976；Karsh，1979）。

反对方承认，供给替代的确可以在一定程度上约束并购企业的市场支配力。但是，他们主张，在界定相关市场只考虑需求替代，而在计算市场份额时再考虑供给替代，这种做法可以避免一些不必要的错误和困难。

Werden（1993a）认为，在界定相关市场阶段，不需要考虑供给替代具有以下几个方面的好处：①可以避免发生致命错误。他指出，美国案例法和关于供给替代的规定经常将供给替代错误地理解为当相关产品的价格变化时，当前生产这些产品的企业可以转向生产其他产品。供给替代的真正含义是当相关产品的价格变化时，当前生产其他产品的企业可以转向生产相关产品。在相关市场界定不考虑供给替代，则可以避免该问题的发生。②可以准确地评估市场支配力。如果供给替代品不是相关产品的完美替代品，那么将供给替代品纳入相关市场会错误地计算市场份额，进而错误地评估并购企业的市场支配力。

Baker（2007）表达了类似的观点。他认为，在界定相关市场阶段同时考虑需求替代和供给替代会造成不必要的麻烦。如果存在以下情况，会低估并购方的市场支配力：①供给替代者之间存在技术异质性，部分供给替代者不具备生产替代品的技术；②虽然所有的供给替代者从技术上都能生产替代品，但是，部分企业的生产成本过高，没有动力提供替代品；③新进入的供给替代者不能快速提供替代品；④替代品是异质的或不具有完全替代性。另外，他指出，在界定相关市场阶段考虑供给替代，还面临着解决替代传递性问题。比如，产品B是产品A的紧密替代者，产品C是产品B的紧密替代者。如果将产品A和产品B包括在相关市场之内，而将产品C排除在相关市场之外，这是很难解释的。

在反垄断执法实践中，美国明确表明，界定相关市场阶段不需要考虑供给替代；而欧盟则表明，在界定相关市场的过程中需要考虑供给替代。我国《相关市场指南》则选择了折中态度。在界定相关市场时，如果有必要，可以考虑供给替代。

其实，问题的焦点不在于相关市场界定过程中如何对待供给替代，而在于如何解决买者、卖者和产品的异质性问题。在相关市场界定过程只考虑需求替代，买者、卖者和产品异质性的存在同样会低估并购企业的市场支配力。换句话说，本问题没有争论的意义。

第三节　国内研究现状

国内的相关研究尚处于起步阶段。国内学者对相关市场的研究主要分为以下几类：

（1）简单介绍美国和欧盟的相关市场界定方法。目前大部分文献仍停留在介绍传统的相关市场界定方法。比如，需求替代分析、供给替代分析、需求交叉弹性（金朝武，2001；蔡峻峰，2005；王立国，2008；张志奇，2009；张金灿和周晓唯，2010）和聚类市场法（蔡峻峰，2005；曹虹，2007；王立国，2008；丁茂中，2008），以及更为古老的合理的可替代性（王晓晔，2004；曹虹，2007）和子市场概念（曹虹，2007；丁茂中，2008；王国红，2009）。少部分学者介绍了目前世界各国反垄断执法机构界定相关市场的主流方法：SSNIP测试（田明君和徐斌，2007；徐斌，2008；商梦莹，2009；张志奇，2009；张金灿和周晓唯，2010）、临界损失分析（徐斌，2008；丁茂中，2008；张金灿和周晓唯，2010）。另外，江错（2009）介绍了德国学者 Säcker 提出的利用企业商业计划书来界定相关市场的方法。

（2）考察具体行业的相关市场界定问题。罗凌和郭丽娜（2007）分析了网络时代相关市场界定遇到的挑战。姚保松（2008）提出了公用企业相关市场的界定方法。张静、陈硕颖和曾金玲（2008）将 SSNIP 法应用到银行卡产业。唐绍均（2008）考察了新经济行业的相关市场界定问题。王姚瑶（2009）简单介绍了知识产权相关市场的界定。张小强和卓光俊（2009）探讨了网络经济中的相关市场界定问题。时建中和王伟炜（2010）在系统分析相关市场界定的基本问题的基础上，考察了我国银行、房地产、电力等行业的相关市场界定问题。吴韬（2011）和仲春（2012）研究了互联网行业的相关市场界定问题。

（3）在简单梳理相关市场界定的意义、原则和方法的基础上，借鉴美国和欧盟的经验，试图给出完善我国相关市场界定的建议。这方面的文献主要是最近几年的硕士学位论文，主要有王士亨（2005）、董莹（2006）、赵业新（2007）、林飞翔（2009）、毕桂花（2009）、李娟（2010）和陈维（2010）。房玉茜（2010）对SSNIP测试、价格相关性检验、剩余需求分析等主要方法进行了简单介绍和比较。戴龙（2012）在介绍美国和欧盟经验的基础上，探讨了我国反垄断执法中相关市场界定的取向。

（4）深入思考相关市场界定的基本问题。李虹和张昕竹（2009）从经济学的视角给出了相关市场界定产生的理论基础，对相关市场的认定与发展做了系统梳理，并指出了相关市场界定的发展趋势。孙天承（2009）探讨了市场和相关市场的法理基础。张昕竹（2010）提出了非横向并购中的相关市场界定问题。董红霞和单向前（2006）详细介绍了SSNIP测试，并指出临界弹性分析和临界损失分析是SSNIP测试的具体实施。这一点非常可贵，因为很多学者一般都将SSNIP测试和临界损失分析并列起来。另外，他们还提到了价格相关系数检验和需求交叉价格弹性方法。余东华（2010）详细介绍了SSNIP测试的原理、程序和局限性，并简单介绍了临界损失分析、临界弹性分析、价格协整检验和E&H提出的运输流量法等其他方法。但是，我们并不赞同他将UPP方法视为对相关市场界定的改进的观点，因为UPP方法是对整个结构方法的否定。黄坤和张昕竹（2013）通过一个假想的并购案例，采用数值模拟方法，比较了假定垄断者测试两个版本之间的联系。

（5）全面考察相关市场界定问题，但研究不够深入。李虹（2011）从经济学视角考察了相关市场界定的理论基础、方法和具体应用，但对相关问题缺乏自己的思考，基本属于一个文献综述。丁茂中（2011）从法学视角研究了相关市场问题，但缺乏经济学分析，显得不够完整和深入。

（6）深入研究相关市场界定问题，但研究不全面。黄坤（2011）在系统梳理相关文献的基础上，深入研究了企业并购中相关市场界定的理论和实证问题，但他没有研究非并购案的相关市场界定问题，也没有研究双边市场等非典型市场的相关市场界定问题。

另外，王立晶和王炜（2004）将美国和欧盟的早期方法（比如，根据产品特征、用途和价格，以及需求交叉弹性等）融合起来，试图建立中国的相关市场界定模式。李剑（2010）以百度案为例探讨了目前比较前沿的双边市场的相关市场界定问题。

总的来说，国内学者对相关市场界定的研究尚处于起步阶段，主要还是翻译和整理国外文献，介绍相关市场界定方法，并且很多文献都是"拿来主义"，根本没有消化，许多表述都是错误的①，也缺乏对相关市场界定的深入思考，很少在方法上有突破性贡献，对实际案例中相关市场界定的分析和研究乏善可陈。②

---

① 比如，王晓晔（2004）认为，相关地域市场是"被告销售产品或者服务的地理范围"。这显然是不准确的，理由是：①原告和被告等法律术语只在反垄断诉讼中才会出现，而经营者集中审查时也需要界定相关地域市场；②在反垄断诉讼中，相关地域市场可能比"被告销售产品或者服务的地理范围"宽，也可能比它窄，这取决于案件性质。

② 黄坤和张昕竹（2010）采用定量方法界定了可口可乐拟并购汇源案的相关市场。这是国内第一篇对我国反垄断案例的深入研究。

本章小结

本章以相关市场界定的基本问题和重要问题为线索，尝试澄清相关市场界定的理论问题。在系统梳理现有文献的基础上，本书提出如下新观点：①相关市场是反垄断案件的可能影响范围，也是评估该案件是否具有反竞争效果的背景；②界定相关市场的根本原因在于经济学意义上的市场和产业与反垄断意义上的相关市场的内涵不同；③界定相关市场的根本目的是识别出能有效约束并购企业行为的所有力量，包括上游具有一定卖方市场支配力的原材料供应商、生产同类或替代产品的竞争者和具有一定买方市场支配力的集团消费者；④相关市场界定对反垄断执法至关重要，一般情况下，它是进行其他反垄断分析的前提条件；⑤并购案与非并购案应该适用同一个原则，即不管采用何种方法，最终都要识别出能有效约束所关注企业的全部约束力量；⑥在相关市场界定过程中如何对待供给替代并不重要，重要的是如何解决买者、卖者和产品的异质性问题，在相关市场界定过程只考虑需求替代，买者、卖者和产品异质性的存在同样会低估并购企业的市场支配力；⑦并购模拟和UPP方法与相关市场界定之间是互补关系；⑧相关市场界定离不开经济学。

第二章 相关市场界定方法

自1948年在哥伦比亚钢铁公司案中首次使用"相关市场"一词以来，世界各国的反垄断当局和学者们一直在研究如何准确地界定相关市场，提出了众多相关市场界定方法。

在20世纪70年代以前，为了确保政府在反垄断诉讼中获胜，美国最高法院提出了许多相关市场界定方法，比如需求交叉弹性法、"合理的互换性"测试和聚类市场等方法。为了扭转这种局面，美国于1968年出台了第一个并购指南，尝试给出相关市场界定的统一原则。但是，该原则并没有得到学者和执法机构的广泛认同，相关市场的界定方法依然比较散乱。1982年美国《横向并购指南》提出了一种新的相关市场界定范式——假定垄断者测试，终结了美国政府通过提出新方法来获胜的局面，也引起了学者们的激烈争论。以Werden为首的支持者认为，该范式非常简单，具有较强的可操作性。他们先后提出了剩余需求分析、临界损失分析、临界弹性分析、转移率分析和机会成本法等执行方法。以Stigler为代表的质疑方认为，该范式根本不具有可操作性。为此，他们提出了具有更好经济学基础的相关市场界定方法——价格相关性检验，包括价格等同性检验、价格调整速度检验、价格相关系数检验、价格格兰杰因果检验、价格协整检验和价格平稳性检验等。由于价格相关性检验的理论基础是经济学中的套利理论，其所采用的市场概念为经济学意义上的市场，而不是反垄断意义上的市场。如果采用价格相关性检验界定相关市场，那么可能会得出错误的结论。

目前世界各国反垄断执法机构主要采用假定垄断者测试及其执行方法来界定相关市场。本章将从经济学的视角，沿着早期案例中提出的方法、假定垄断者测试及其执行方法和基于套利理论的方法三条主线，全面地、系统地介绍主要的相关市场界定方法。

第一节 早期案例中提出的相关市场界定方法

在1948年哥伦比亚钢铁公司案中，美国最高法院首次使用了"相关市场"一词。在20世纪70年代以前，为了确保美国政府在反垄断诉讼中获胜，最高法院提出了许多相关市场界定方法。鉴于这些方法基本上已经退出历史舞台，下面将简单介绍这些方法。有兴趣的读者可以参阅李虹（2011）的书。

一 需求交叉弹性法

在1953年Times - Picayune Publishing Co. v. United States案中，美国最高法院第一次借助经济学知识来界定相关市场，提出了需求交叉弹性法，其核心思想是相关市场内产品之间的需求交叉弹性较大，而相关市场内外产品之间的需求交叉弹性较小。但是，至于需求交叉弹性应该在多少以上，才能将某一种产品纳入相关市场内，该方法并没有给出一个具体标准。

二 合理的互换性测试

在 1956 年杜邦玻璃纸案中,美国最高法院提出了"合理的互换性"(reasonable interchangeable)测试,其核心思想是将产品的价格、用途和质量因素考虑进去后,如果某些产品在功能上具有一定的互换性,那么它们将构成相关市场。现实中,很多产品之间都具有一定的功能互换性,比如啤酒也可以代替面包充饥,该方法赋予反垄断执法机构极大的自由裁量权,它们可以界定任意宽的相关市场。

三 独有的特征和用途测试

在 1957 年的杜邦-通用案中,美国最高法院提出了"独有的特征和用途"(peculiar characteristics and uses)测试,其核心思想是具有不同特性的产品应该分处不同的相关市场。像世界上没有两片相同的树叶一样,所有产品之间都具有一定的差异性。该方法给执法机构颁发了任意界定相关市场的许可证(Reycraft,1960)。

四 子市场

在 1962 年布朗鞋业案中,美国最高法院提出了一种融合方法,其核心思想是如果产品之间不存在合理的互换性或需求交叉弹性较小,那么这些产品将分处不同的相关市场;否则,这些产品将构成相关市场。如果该相关市场内产品具有独有的特征和用途,那么可以根据以下实用指标将该市场进一步细分为若干个反垄断意义上的"子市场"(submarket)：行业或公众对子市场作为一个独立经济体的认可程度、产品的特性和用途、专用生产设备、独立的消费群体、对价格变化的敏感程度、特殊的运营商。由于存在双重标准，所以采用该方法可以得到任何想要的市场份额（Hale 和 Hale，1966）。

五 聚类市场法

1963 年，美国最高法院在宾夕法尼亚国民银行一案中首次提出了聚类市场法。① 其核心思想是将不具有替代性（包括需求替代和供给替代）的多种产品因分析的需要归为一类。由于在确定分类标准上缺乏理论基础，在实际运用中对于为什么要将这些产品归为一类而不是另外一些，反垄断执法机构没有给出有说服力且前后一致的解释。

为了解决这个问题，Ayres（1985）提出了一个交易互补理论。该理论认为交易的互补性可使供应多产品的企业比只供应单产品的企业更具竞争性，因为"一站式"购物可显著降低消费者的交易成本。它从一个新的视角揭示了企业供应多产品的原因。② 基于该理论，他认为具有交易互补性的产品应该作为一类产品，构成一个相关市场。生产该类产品中部分产品的企业应排除在该市场之外，因为它们和生产全部产品的企业相比竞争性很弱。

虽然基于交易互补理论的聚类市场法较以前更为合理，但在实际运

---

① 20 世纪 60～70 年代，美国最高法院在几个银行合并案中也采用了该方法。随后该方法被地方法院推广到其他几个产业的反垄断分析中，比如传统的杂货超市、百货公司和重症监护医院服务等。

② 一般认为，范围经济是企业供应多种产品的理论基础。交易互补可以看作范围经济在需求侧的变形，只是经济性由消费者而不是生产者获得。在市场界定上，范围经济和交易互补的根本区别在于前者不需要联合销售，而后者需要联合购买。

用时也会遇到一些新问题，如哪些产品间具有交易互补性、合理的市场规模如何确定等。Baker（2007）认为聚类市场法不适合用来界定市场，因为聚类市场上包含了不具有替代性的产品。当生产部分产品的企业能有效约束生产全部产品的企业的行为时，聚类市场法将会使反垄断分析的效果产生偏差。有的学者认为，聚类市场法因其不必界定大量的单个市场而具有分析的便捷性。

总的来说，在分析单个企业的市场行为时，聚类市场法有时比较适用；在分析多产品企业的并购案中，该方法可能会遇到很多问题。例如，当一个生产10种产品的企业和一个生产100种产品的企业进行合并申请时，应该将10种产品，还是将100种产品归为一类呢？

第二节 基于套利理论的方法

一 价格相关性检验

价格相关性检验是一系列利用价格信息来界定相关市场的方法总称。Kottke（1960）首次尝试用产品之间的价格相关性来分析相关市场，Areeda和Turner（1978）进一步发展了这一思路。目前价格相关性检验主要包括价格等同性检验、价格调整速度检验、价格相关系数检验、价格格兰杰因果检验、价格协整检验和价格平稳性检验等。

价格等同性检验的核心思想是通过考察两种产品或同一种产品的两个区域（以下统称为两种产品）之间的价格水平是否有显著差异来界定相关市场。Shrieves（1978）提出了一种价格等同性检验，其步骤是：首先，根据运输成本、产品特征和交易特征等因素调整产品价格；其次，考察两种产品调整后的价格水平是否有显著差异。如果答案是肯定的，那么二者不属于同一个相关市场；否则，二者处于同一个相关市场。

价格调整速度检验的核心思想是通过考察两种产品价格的相对调整速度或绝对调整速度来界定相关市场。Mathis、Harris 和 Boehlje（1978）提出了相对调整速度检验。他们认为，如果两种产品价格具有相似的相对调整速度（相对于基准产品或区域），那么它们将属于同一个相关市场。Horowitz（1981）提出了绝对调整速度检验，其思想是：如果两种产品处于同一个相关市场，那么它们的短期价格差异将收敛于长期价格差异。他通过估计一个 AR（1）模型来获得收敛速度，其中变量为两种产品的同期价格差。他认为如果收敛速度超过某一临界值，那么它们将处于同一个相关市场。

Stigler 和 Sherwin（1985）提出了价格相关系数检验，其核心思想是两种产品或地理区域之间的价格相关系数越高，它们处于同一个相关市场的概率就越大。为了避免产品价格之间存在虚假的相关性，他们建议在计算相关系数时采用价格或价格对数的一阶差分序列，因为现实中大多数价格序列都是一阶单整的。也就是说，要采用平稳的价格序列来计算相关系数。

由于价格相关系数检验是一种静态的价格相关分析，所以它不能揭示产品价格之间的动态相关性，也不能揭示它们之间的因果关系。另外，确定界定相关市场的标准，即相关系数的大小具有一定的武断性。为了解决这些问题，Uri、Howell 和 Rifkin（1985）、Slade（1986）与 Cartwright、Kamerschen 和 Huang（1989）分别提出了价格格兰杰因果检验，其核心思想是如果两种产品价格之间存在即时的格兰杰因果关系，那么它们将处于同一个相关市场。不过，他们进行格兰杰检验的思路不同。Uri、Howell 和 Rifkin（1985）通过构建一个渐进的弱 Pierce - Haugh 统计量来进行格兰杰检验。Slade（1986）通过构建一个 ADL 模型来进行格兰杰检验。Cartwright、Kamerschen 和 Huang（1989）则在进行格兰杰检验时构建了一个简洁的多元 ARMA 模型。

从短期来看，大多数产品价格都会随供需因素的影响而出现波动，同一个市场上的产品价格也可能存在差异。从长期来看，"同质同价"法则总是成立的。在此理论基础上，Ardeni（1989）和 Whalen（1990）提出了价格协整检验，其核心思想是如果两种产品价格之间存在协整关系，那么它们将很可能来自同一个相关市场。Walls（1994）利用价格协整检验考察了美国天然气行业的相关地域市场界定问题。

在学者们纷纷提出各种价格相关性检验时，Werden 和 Froeb（1993）提出了不同的意见。他们认为，价格相关性检验的理论基础是经济学中的套利理论，其所采用的市场概念为经济学意义上的市场，而不是反垄断意义上的市场。因此，如果采用价格相关性检验界定相关市场，那么可能会得出错误的结论。Baker（2007）表达了类似观点。他指出，价格相关性检验很难识别产品之间的替代性，而这恰恰是界定相关市场的目的。

以假定垄断者测试为标杆，Werden 和 Froeb（1993）分别指出了以上价格相关性检验的不足，概括起来有如下几点：①两种产品的价格水平相当、具有相似的调整速度或存在即时的格兰杰因果关系，既不是它们处于同一个相关市场的充分条件，也不是必要条件，并且两种产品价格之间是否存在即时的格兰杰因果关系依赖于观测频率。②价格相关系数检验不能反映价格上涨前后价格成本之比的变化信息，而该信息是评估市场支配力的关键。它只能逐个考察某一产品与备选市场内的所有产品之间相关性，如果该产品与备选市场的某些产品存在高度相关性，而与其他一些产品不存在相关性，或相关系数较小，那么该方法将会遇到问题。③如果价格序列不存在单位根，那么价格协整检验将会失效，而现实中价格序列往往没有单位根。④反垄断执法机构关注的是某个案件是否会有损相关市场的未来竞争，因此采用历史数据来界定相关市场会有潜在问题。

针对 Werden 和 Froeb（1993）的批评，Shervin（1993）提出了反驳。他认为 Werden 和 Froeb（1993）所依据的假定垄断者测试只适用于并购案例，而且该方法自身也并不是完美无缺的，以一个不完美的方法为标准去评判其他方法的缺陷是不公平的。

不管是 Werden 和 Froeb（1993）击中了价格相关性检验的要害，还是经济学家们对价格相关性检验失去了兴趣，结果是自这篇文章发表后的将近20年里这方面的文献几乎没有增长。

Forni（2004）提出了价格平稳性检验，其核心思想是：如果两种产品价格对数的一阶差分序列是非平稳的，那么它们将处于两个相关市场。如果两种产品的价格序列是非平稳的，而对数价格的一阶差分序列是平稳的，那么它们可能处于同一个相关市场。虽然该方法与同类方法相比在某些方面有一定改进，但是它存在很多问题。Hosken 和 Taylor（2004）指出，该方法所采用的 ADF 和 KPSS 检验不是最优的，使用过程中需要大量很难获得的关于所研究市场的制度方面的信息等，而这些对方法的有效性至关重要。Genesove（2004）则指出在一些特殊情况下，价格平稳性检验将得出错误的结论。

此外，Coe 和 Krause（2008）通过模拟工具比较了各种价格相关性检验的有效性，模拟结果表明，在没有共同冲击（比如原材料成本变动、通货膨胀等）的情形下，价格相关系数检验可以为相关市场界定提供可靠的证据，而其他价格相关性检验则几乎不能为反垄断执法者提供有价值的信息。

学者们对价格相关性检验的指责主要体现在如下几个方面：①当备选市场上有多种产品，且每种产品有多种价格时，我们应该选择何种价格来进行价格相关性检验（Elzinga 和 Hogarty，1973）。②如何选择恰当的价格观测频率（Werden 和 Froeb，1993；Motta，2004）。我们知道，价格等同性检验、价格调整速度检验和价格格兰杰因果关系检验等方法的检验结果可能依赖于价格的观测频率。③随着运输成本和交易成本的变化，价格序列可能是发散的，此时很多价格相关性检验都是失效的，比如绝对的价格调整速度检验（Stigler 和 Shervin，1985；Motta，2004）。④两种产品价格之间可能存在虚假关系，如一些共同因素（通货膨胀、共同投入品的价格等）的变化使得不存在替代性的产品价格之间高度相关。这是学界共识。⑤价格同一性是产品构成相关市场的必要条件而不是充分条件（Tirole，1988）。

当然，价格相关性检验也并非一无是处。Areeda 和 Turner（1978）指出，价格相关性检验是一种界定相关地域市场的最好方法，至少在许多案例中该方法都是有效的。的确，价格相关性检验的大部分文献都是在界定相关地域市场的过程中提出来的。

总的来说，价格相关性检验的最大缺陷是两种产品价格之间的高度相关性既不是它们处于同一个相关市场的充分条件也不是必要条件。但是，该方法比较简单，具有很好的经济学基础。在产品相对同质的案例中（比如石油和天然气市场的反垄断案件），它可以用来界定相关地域市场。

二 运输流量法

Elzinga 和 Hogarty（1973）首次提出了运输流量法，其核心思想是：

若某地域市场上某种产品当地生产当地消费量占该市场总消费量的比率〔他们称其为小幅进口率（LIFO，Little In From Outside）〕和当地生产当地消费量占该市场总生产量的比率〔他们称其为小幅出口率（LOFI，Little Out From Inside）〕均达到某一标准[1]，那么该地域市场就构成一个相关地域市场。

Shrieves（1978）指出，如果 Elzinga 和 Hogarty（1973）方法的分析起点选择不当，那么其计算量将较大。另外，该方法不适用于煤炭等生产设施受地理因素严重影响的行业。在此基础上，他提出了一种新的分析思路。他认为，只有当两个区域的大部分消费来自同一个供应商，即拥有相似的供给模式时，它们才可能构成一个相关地域市场。为此，他构造了两个指标：供给模式相似度 S_{ik} 和消费地活跃度 L_{ik}。

$$S_{ik} = \sum_{j=1}^{m} \min\left(\frac{q_{ij}}{q_i}, \frac{q_{kj}}{q_k}\right)$$

$$L_{ik} = \sqrt{\frac{1}{n}\sum_{j=1}^{m} \frac{q_{ij}}{q_j}\frac{q_{kj}}{q_j}}$$

其中，q_{ij} 和 q_{kj} 分别为从生产地 j 运到消费地 i 和 k 的运输量，q_i 和 q_k 分别为从所有 m 个生产地运到消费地 i 和 k 的运输总量，q_j 为从生产地 j 运到所有消费地的运输总量，n 是同时供应消费地 i 和 k 的生产地的个数。

如果 $S_{ik} > 0.5$ 和 $L_{ik} > 0.05$ 同时得到满足，那么 Shrieves（1978）就认为，消费地 i 和 k 将处于同一个相关地域市场。当然，他也承认该标准具有一定的武断性。

---

[1] Elzinga 和 Hogarty（1973）建议，弱市场的标准为 0.75，即这两个比率均达到 0.75；强市场的标准为 0.9。Elzinga 和 Hogarty（1978）将标准修正为 LIFO 和 LOFI 的平均值为 0.9。但是，临界值的选择缺乏可靠的理论基础，具有一定的武断性。

的确，运输流量法只需要运输流量的数据，方法比较简单，而且采用的运输流量是客观存在的，具有可验证性。但另一方面，由于该方法只利用了运输量的信息，它可能会产生错误的结果。Werden（1981）认为，Elzinga 和 Hogarty（1973）与 Shrieves（1978）提出的运输流量法都存在致命的理论缺陷，即该方法无法给出两个区域的需求交叉弹性信息，而需求交叉弹性才是界定相关市场的关键。[1] 由此，该方法可能会产生两大错误：一是将一个相关地域市场误认为两个；二是无法将一个相关地域市场细分为两个。

Stigler 和 Sherwin（1985）、Baker（2007）则从根本上否定了运输流量法。前者认为，两个区域之间是否存在显著的运输流量既不是两地处于同一个相关地域市场的充分条件，也不是必要条件，所以运输流量法是失效的。[2] 后者指出，如果只利用运输流量信息，该方法既可能低估也可能高估市场边界。如果要提高该方法的准确性，我们需要获得需求弹性等信息。如果可以获得需求弹性等信息，也就没有必要采用运输流量法。

总的来说，虽然运输流量法存在很多缺陷，但是它仍可以为相关市场界定提供一些有用的信息。在其他方法不可用时，它也可以用来界定

---

[1] 其实，利用交叉弹性信息来界定相关市场也可能出错。比如，产品 B 对产品 A 的交叉弹性较大，但是它的生产能力有限，而产品 C 对产品 A 的交叉弹性虽然相对较小，但它有充足的生产能力。在这种情况下，产品 C 对产品 A 的有效约束力很可能大于产品 B。我们知道，反垄断最终关注的是哪个市场参与者可以有效约束并购企业的行为，而不是其他。

[2] 的确，两个区域之间是否存在显著的运输流量不是它们处于同一个相关市场的充分条件，但它却是它们处于同一个相关市场的必要条件。我们设想一下，两个老死不相往来的区域会处于同一个相关市场吗？在短期内，同一个市场内的两个区域之间可能没有运输流量，但是，从长期来看，它们不可能没有贸易往来，因为根据经济学的同质同价理论，同一个市场内一个地域的销售条件变化在长期肯定会传导到另一个区域。

相关地域市场，但要小心使用（Motta，2004；Coate 和 Fischer，2007；Blair 和 Kaserman，2009）。

第三节 假定垄断者测试及其执行方法

一 假定垄断者测试

假定垄断者测试，也称为 SSNIP 测试或横向并购指南测试（HMT），是美国 1982 年《横向并购指南》中提出的一种分析范式，其核心思想是考察备选市场上假定垄断者是否可以通过提高价格的手段获利，或将会实现利润最大化，主要内容如下：

（1）基本假设。假定垄断者是指备选市场（包括产品和区域两个维度）上一种或多种产品在某个特定区域的当前或将来唯一的生产者或销售者。换句话说，它是备选区域内备选产品的唯一提供者，也是利润最大化的追求者；备选市场上不存在价格管制；备选市场外其他产品的销售条件保持不变。

（2）基本思路。首先，假设备选产品市场上不存在价格歧视，界定相关产品市场；其次，如果存在价格歧视，进一步考察上一步界定出的相关产品市场是否可以进一步细分为多个相关产品市场；最后，相关产品市场界定清楚后，用类似的步骤界定相关地域市场。记住，相关市场是满足假定垄断者测试的最小市场。

（3）具体步骤。首先，以并购企业的一种或多种产品作为初始备选市场，考察该备选市场上的假定垄断者为了获利或实现利润最大化，是否会使备选产品价格在当前或未来某一水平上发生一个小幅的、显著的、非暂时的上涨。如果答案是肯定的，那么备选市场为反垄断市场；如果答案是否定的，进入下一步。其次，将备选产品的紧密替代品纳入备选市场，继续上一步的测试，直到备选市场通过假定垄断者测试为止。再次，考察上一步界定的产品市场上是否存在价格歧视，如果存在价格歧视，那么需要按照上述步骤进一步细分相关产品市场。最后，按照与界定相关产品市场类似的步骤，界定相关地域市场。

从理论上看，假定垄断者测试几乎是完美无缺的。但是，在实践中，它还存在诸多问题，主要体现在以下几个方面：

（1）SSNIP测试的可操作性。Stigler 和 Sherwin（1985）认为，即使通过强制手段，当前的调查方法也无法获得 SSNIP 测试所需要的数据，所以它完全不具有可操作性。Werden（1983）则认为 SSNIP 测试具有可操作性，因为 SSNIP 测试只是一种分析范式，在相关市场的界定过程中，没有必要严格按照 SSNIP 测试的每一步来进行，也没有必要获取全部的精确数据。事实上，所有的方法都具有可操作性，只不过界定结果的准确性依赖于所获取的数据质量。

（2）基准价格的选择。基准价格的理想选择是竞争性价格，但是现实中很难得到它，比较现实的选择是当前价格。[①] Schmalensee（1987）认为，在当前的价格水平已经接近或达到垄断水平时，以当前价格为基点，SSNIP 测试会界定较宽的相关市场，从而使得一些明显具有反竞争效应的反垄断案件逃过处罚，产生所谓的"玻璃纸谬误"（cellophane fallacy）。Werden（1993）则指出，如果预计到未来价格会下降，那么基准价格应选择"可能的未来价格"。问题的关键在于，现

[①] 如果可以获得竞争性价格，那么通过将它与当前价格进行对比，我们就可以判断某个市场参与者是否具有市场支配力，也就没有必要费尽周折首先界定相关市场，然后根据市场结构的变化来判断某个市场参与者是否具有市场支配力。

实中如何判断当前价格处在从竞争性价格到垄断价格这个价格谱系中的位置，或者如何判断当前价格的未来走势。换句话说，争辩双方都没有解决基准价格的选择难题。

（3）SSNIP的含义。目前世界各国基本上认同《横向并购指南》将SSNIP规定为持续1年的5%~10%的价格上涨。学者争议的焦点是5%~10%是市场支配力的容忍度还是价格上涨的显著程度。Pitofsky（1990）认为，5%是容忍度，也就是说，即使产品价格已经从当前价格上涨到垄断价格，如果上涨幅度小于5%，那么也不认为该产品的假定垄断者具有市场支配力。Werden（1992）则认为，5%是显著程度，也就是说，在达到最优价格之前，只有产品价格的上涨幅度超过5%，才认为该产品的假定垄断者拥有市场支配力。其言外之意是假如在价格上涨幅度小于5%时，假定垄断者已经实现利润最大化，那么毫无疑问此时假定垄断者已经拥有市场支配力。问题的关键在于，在具体操作中如何判断价格上涨5%时假定垄断者是否已经实现利润最大化。如果在5%~10%这个区间内，选择不同的价格上涨幅度将界定出不同的相关市场，又应该怎么办？目前这些问题仍没有得到有效解决。

（4）初始备选市场的选择。《横向并购指南》规定，SSNIP测试应以并购双方的某种或某些产品为分析起点。《关于相关市场界定的指南》规定，SSNIP测试应以反垄断执法机构所关注的产品为分析起点。问题的关键在于如何界定相关产品。以可口可乐拟并购汇源案为例，将相关产品界定为1.5升的瓶装可乐和利乐装汇源果汁等具体产品，还是碳酸饮料和果汁（包括果汁饮料）等分类产品，抑或软饮料这一大类产品？赋予相关产品不同的内涵将很可能界定出不同的相关市场，因为产品内涵的大小在一定程度上决定了其需求价格弹性的大小。

总的来说，假定垄断者测试既不像Kaplow（2011）说的一无是处，也不是完美无缺的，但它是目前最好的相关市场界定范式。由于直接采用 SSNIP 测试界定相关市场需要的信息量较大，操作起来比较困难，所以现实中很少采用。目前世界各国反垄断当局主要采用 SSNIP 测试的具体执行方法来界定相关市场，主要有两种思路：一是通过考察涉案企业和假定垄断者之间的定价激励差异①来界定相关市场，主要包括临界损失分析、转移率分析、临界弹性分析和机会成本法；二是通过构建寡头竞争模型，直接评估假定垄断者控制价格的能力，主要有剩余需求分析。

二　临界损失分析

Harris 和 Simons（1989）首次提出了临界损失分析，其核心思想是考察备选市场上价格上涨 SSNIP 后，假定垄断者维持利润不变所能承受的最大理论损失（临界损失）是否会大于预计的实际损失，其主要内容如下：

（1）基本假设。由于临界损失分析是假定垄断者测试的一种执行方法，所以它的基本假设中包含了假定垄断者测试的所有基本假设。除此之外，该方法还假设：①并购实施前的市场结构是竞争性的；②价格上涨区间内边际成本不变；③价格上涨前后假定垄断者的利润保持不变；④产品是同质的。

（2）计算公式。假定 p 为产品价格，c 为边际成本，$t = \Delta p/p$ 为价

---

① 并购前的企业在定价时不考虑替代品之间的负外部性，而假定垄断者则需要内化这种负外部性。从需求的角度看，替代品之间的负外部性是指提高一种产品的销量会降低其替代品的销量；从成本的角度看，它指提高一种产品销量需要付出一定的机会成本，即其替代品的利润损失。

格变化率，$m=(p-c)/p$ 为毛利润率，得到临界损失：$CL=\Delta q/q=t/(t+m)$；进一步假设价格上涨区间内的自价格弹性 ε 不变，得到实际损失：$AL=t\varepsilon$。

（3）具体步骤。首先，通过会计数据或其他途径获得假定垄断者的毛利润率，选取一个合理的价格变化率（一般为5%~10%），计算临界损失。其次，通过估计需求曲线或市场调查等方法获取自价格弹性数据，估算实际损失。再次，比较临界损失和实际损失的大小，如果前者大于后者，那么备选市场即为相关市场；否则，需要像假定垄断者测试一样，将紧密替代品纳入备选市场，重复前两步的工作，直至满足临界损失大于实际损失的条件为止。

以上介绍的是标准临界损失分析。从表面上看，其思想非常简单，计算公式也比较简洁。但是，由于学者们对核心思想与一些基本概念的理解不同，使得学者们对如何在实际中正确运用临界损失分析产生了分歧，主要表现在以下几个方面。

（一）利润不变版还是利润最大化版

由于临界损失分析是假定垄断者测试的具体应用，所以基于假定垄断者测试的两种思想，学者们也提出了两种临界损失分析：利润不变思想下的临界损失分析（以下简称 BECL, breakeven version of critical loss analysis）和利润最大化思想下的临界损失分析（以下简称 PMCL, profit-maximization version of critical loss analysis）。PMCL 与 BECL 的主要区别与联系在于：

（1）前者依赖于需求函数的形式，而后者则独立于需求函数的形式（见表2-1），这可能是目前实践中后者更受欢迎的原因（Hüschelrath, 2009）。

表 2-1　不同情形下的临界损失公式

需求函数形式	利润最大化	利润不变
线性需求函数	$CL = \dfrac{1}{2t+m}$	$CL = \dfrac{1}{t+m}$
常弹性需求函数	$CL = 1 - (1+t)^{\frac{-1-t}{m+t}}$	$CL = \dfrac{t}{t+m}$

资料来源：作者整理所得。

(2) 在需求曲线或边际成本曲线存在尖点时，可能会存在如下情形：即很小的价格上涨幅度是无利可图的，但稍大的价格上涨幅度却是有利可图的，这使得 BECL 不再适用，而 PMCL 仍有效，因为 PMCL 的价格上涨幅度是依据利润最大化条件求得的，而 BECL 的价格上涨幅度则是事先给定的。但是，Langenfeld 和 Li（2001）认为，在多个价格上涨幅度都是有利可图的情形下，PMCL 需要找到实现利润最大化的价格增长幅度，而 BECL 则不需要。

(3) 在线性需求下，PMCL 的临界损失要小于 BECL。在实际损失不变的情况下，PMCL 界定出的相关市场比后者要宽。

(4) Farrell 和 Shapiro（2008）认为，线性需求下利润最大化的价格增长率是利润不变情况下价格增长率的一半，此时 BECL 得出的结论只需要简单的变换就可以推广到 PMCL。

(二) 损失的内涵和衡量指标

据 Kate 和 Niels（2009）统计，目前"临界损失"主要有三种解释：①在同质产品情形下，一个产品价格上涨 SSNIP 时的临界损失（Harris 和 Simons，1989；Langenfeld 和 Li，2001；Danger 和 Frech Ⅲ，2001）；②在一组差异化产品情形下，一个产品价格上涨 SSNIP 时的临界损失（Katz 和 Shapiro，2003）；③在一组差异化产品情形下，所有产品价格上涨 SSNIP 时的临界损失（O'Brien 和 Wickelgren，2003；Coate 和 Simons，2009a）。事实上，还有一种解释，即可变价格上涨情形下的临界损失，其理论依据是假定垄断者在追求利润最大化过程中，可能会针对不同产品采取不同的涨价幅度。

如果备选市场上所有产品的毛利润率（margin）均相等，那么采用销量的变化率来度量损失比较合适。如果备选市场上所有产品的毛利润率并不完全相同，那么用销量的变化率来度量损失将可能出错，因为毛利润率不等的两种产品的同等销量对假定垄断者的意义是不同的。① 在这种情形下，Kate 和 Niels（2009）建议用销售额的变化率来度量损失。

当备选市场上有多种产品时，损失还有总损失和净损失之分。总损失是指备选市场上某种或某些产品价格上涨某一幅度后，某种产品转移到备选市场内外的销量或销售额。净损失是指备选市场上某种或某些产品价格上涨某一幅度后，转移到备选市场外的销量或销售额。

在具体案例中，采用不同的指标来度量损失，可能会界定出不同的相关市场。因此，对损失的正确度量非常重要。目前学者们基本上都以销量变化率来度量损失。

（三）如何估算临界损失

不管用销量的变化率还是用销售额的变化率来度量损失，临界损失的计算公式中总会出现毛利润率。因此，估算毛利润率成为测度临界损失的关键。

1. 情景 1：备选市场上只有一种产品

当备选市场上只有一种产品时，目前估算毛利润率的思路主要

---

① 举个例子，1 单位毛利润率为 90% 的产品对假定垄断者的利润的贡献是 1 单位毛利润率为 30% 的产品对假定垄断者的利润的贡献的 3 倍。

有以下几种：

（1）用平均可变成本来估算毛利润率。Danger 和 Frech Ⅲ（2001）则认为，如果在实践中用平均可变成本来近似边际成本，那么反垄断执法机构将会界定出过宽的、主观性较强的相关市场，因为只要分析起点位于平均可变成本曲线最低点的右边，那么用平均可变成本近似边际成本将会高估毛利润率，从而低估临界损失。

（2）通过估计成本函数来估算毛利润率。O'Brien 和 Wickelgren（2003）认为，估算毛利润率的理想方式是根据产出和要素价格估计成本函数。如果由于数据限制成本函数无法被估计出来，可以用会计数据来估算毛利润率，但是要用最优价格决策等其他信息来矫正估算结果。

（3）用平均边际成本来估算毛利润率。Coate 和 Williams（2007）指出，如果临界损失分析的起点是竞争性均衡，并假设平均可变成本等于边际成本，那么此时会出现两种可能：一是毛利润率为 0 的假设与现实中毛利润率为正的事实不符，临界损失分析失效；二是假定垄断者拥有 L 形的成本结构。① 为了拓展临界损失分析的适用范围，他们提出了广义临界损失分析，用平均边际成本替代平均可变成本来估算毛利润率。经过一系列运算，他们推导出新的临界损失：

---

① 当一个产业在起点存在能力约束或将长期成本纳入定价体系时，会出现 L 形成本结构，如下图。

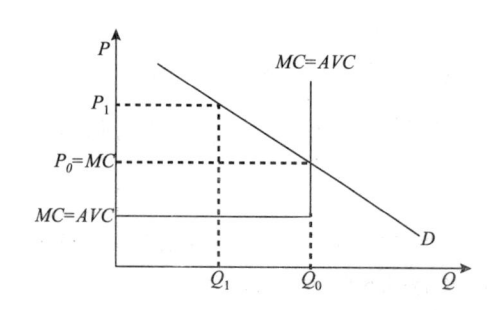

$$CL = \frac{2\varepsilon_0 t + m^2}{2\varepsilon_0 (m+t)}$$

其中，$m = \frac{p_0 - AVC_1}{p_0}$，$\varepsilon_0$ 为边际成本曲线在起点的弹性。

虽然经过修正后的临界损失分析适用于更广的成本结构（见图2-1），但是这也增加了实际操作的难度。他们也承认，在实践中很难估计出边际成本的弹性，也很难获得价格上涨后的平均可变成本 AVC_1。

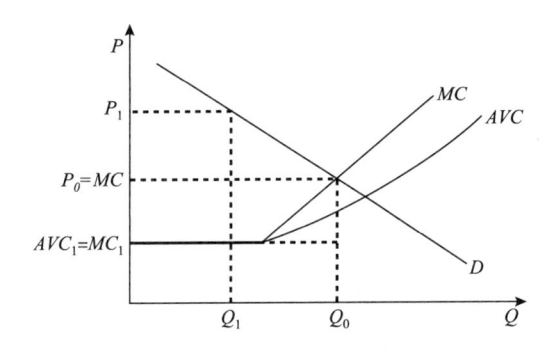

图2-1 广义临界损失分析适用的成本结构

Einav 和 Levin（2010）指出，估算毛利润率的难点在于估计边际成本，而估算边际成本是实证产业组织的一大难题，至今仍然没有很好的解决方法。在具体案例中，一般可以从企业的财务报表中找到收入和成本数据，匡算涉案企业的毛利润率。当然，这种估算方法也有很大的局限性，但是它具有很强的操作性。

2. 情景2：备选市场上有两种及以上产品

如果备选市场上有多种产品，那么采用哪个毛利润率来计算临界损失？对于该问题，目前主要有两种解决思路：

（1）将多种产品的毛利润率按照某种方式加权，然后用加权后的毛利润率来计算临界损失，或者用某个代表性企业的毛利润率来计算临界损失。Katz 和 Shapiro（2003）认为："由于大部分价格和成本等可用数据基本上都来自并购双方，所以在实践中一般认为，并购双方的毛利润率是相应产业中具有代表性的。因此，实践中一般将并购双方的价格和成本数据作为估算假定垄断者有关计算的基础。"[1] 事实上，只有某行业中排名靠前的企业之间的并购重组才需要反垄断当局做出复杂的经济分析。此时，并购双方一般都拥有高于行业平均水平的毛利润率。因此，采用并购方的毛利润率代替行业毛利润率会低估临界损失（在其他条件不变的前提下），从而界定出过宽的相关市场。

（2）沿着 Harris 和 Simons（1989）的思路，重新推导临界损失公式。学者们在不同的假设条件下，得到了许多新的临界损失公式。在一系列假设条件下[2]，Daljord、Sorgard 和 Thomassen（2008）推导出单一价格上涨[3]方式下的临界损失[4]：

$$CL = \frac{1}{t+m_1}(1+\lambda D)$$

其中，$m_1 = \frac{p_1 - c_1}{p_1}$，$\lambda = \frac{p_2 - c_2}{p_1 - c_1}$，$D = \frac{\partial q_2}{\partial p_1} / \frac{\partial q_1}{\partial p_1}$。

---

[1] 另外，他们在第 30 个注释中提醒，如果产业的实际价格或边际成本数据与并购双方的相应数据不同，那么应该用这两套数据来进行临界损失分析，看结果是否相同。如果并购双方的价格和成本数据也不相同，这是实践中很可能出现的，那么这种情况下如何估算临界损失，学者们没有给出答案。

[2] 假设备选市场上有两种产品：产品 1 和产品 2；假定垄断者只是将产品 1 的价格提高 $t\%$；在价格上涨区间内产品 1 的边际成本不变；价格上涨 $t\%$ 前后假定垄断者的利润保持不变；价格上涨前后假定垄断者均实现了利润最大化或价格上涨区间内需求自价格弹性不变。

[3] 单一价格上涨方式是指假定垄断者只提高备选市场上一种产品的价格，即使备选市场上有多种产品。

[4] 由于没有考虑产品 1 的价格上涨后，一部分产品 1 的消费者会转向购买产品 2，所以依据上式计算出的临界损失是一种总损失。

在不同的假设条件下①，Kate 和 Niels（2009）推导出，单一价格上涨方式下的临界总损失和临界净损失，以及统一价格上涨方式下的临界损失：

$$CL_{gross}^{s} = \frac{\Delta q_k}{q_k} = \frac{1}{t + m(1 - D)}$$

$$CL_{net}^{s} = \frac{\Delta q_k (1 - D)}{q_k} = \frac{t(1 - D)}{t + m(1 - D)}$$

$$CL_{gross}^{s} = \sum_i p_i \Delta q_k / \sum_i p_i q_i = \frac{1}{t + m}$$

对比单一价格上涨方式下，Daljord、Sorgard 和 Thomassen（2008）与 Kate 和 Niels（2009）的假设条件和推导过程，我们发现：①前者在推导过程中利用了 Lerner 方程，其结果依赖于 Lerner 方程，而后者只是一种算术过程，其结果不依赖于任何经济理论；②前者使用的转移率是销量概念，而后者使用的则是销售额概念；③前者假设两种产品的毛利润率不同，后者假设 n 种产品具有相同的毛利润率。显然，前者的假设更符合实际。

既然在不同的假设条件下可以推导出不同的临界损失公式，那么在具体操作中，应该采用哪种公式呢？实际上，黄坤（2011）已经指出，当备选市场上有两种及以上产品时，现在所有的公式都是错误的，因为根据价格上涨前后假定垄断者的利润保持不变这一个约束条件无法求解出临界损失的显性表达式。

（四）如何估算实际损失

目前主要有三种思路：其一，通过估计需求系统，获得需求自价格

---

① 假设备选市场上有 n 种产品，具有相同的边际成本 m，且在价格上涨区间内保持不变；假定垄断者将产品 k 的价格提高 t% 后，备选市场上产品 k 到其他 n−1 个产品的加总转移率为 D；价格上涨前后假定垄断者的利润保持不变。

弹性，然后按照标准临界损失分析的计算公式，估算实际损失；其二，如果无法估计出需求系统，Harris 和 Simons（1989）建议，采用传统方法[①]来直接估算实际损失；其三，通过建立经济模型来估算实际损失。

O'Brien 和 Wickelgren（2003）、Katz 和 Shapiro（2003）（以下简称 OW - KS）认为，在一些并购案例[②]中，标准临界损失分析忽略了毛利润率和需求弹性之间的关系，使得界定出的相关市场较宽。他们指出，毛利润率较高固然临界损失较小，但是，依据经济理论，毛利润率较高的企业面临的需求弹性也往往较小。[③] 依据实际损失的定义，企业提价 SSNIP 的实际损失也较小。也就是说，较高的毛利润率并不意味着较宽的相关市场。换句话说，OW - KS 认为，在估算实际损失时还需要考虑备选市场上产品之间的需求交叉价格弹性。

O'Brien 和 Wickelgren（2003）假设：①企业是利润最大化追求者；②并购前企业之间不存在共谋；③需求曲线和边际成本曲线不存在尖点；④在价格上涨区间内，边际成本不变；⑤需求曲线为线性或不变弹性函数；⑥市场上有 A 和 B 两种产品；⑦所有产品同时上涨相同幅度。通过建立 Bertrand 模型，他们推导出单个企业的实际损失：

$$AL = t\ (\eta^{own} - \eta^{cross})$$

[①] 传统方法主要指美国反垄断执法机构在早期案例中采用的方法，主要有估计从一种产品转换到另一种产品的成本，不同时期或地区的实际转移证据，问卷调查等。

[②] OW - KS 指出，在一些采用临界损失分析的并购案例中，如 United states v. Mercy Health Services，107 F. 3d. 632（8th Cir. 1997）、FTC v. Tenet Healthcare Corp.，186 F. 3d 1045（8th Cir. 1999）和 State of California v. Sutter Health System，84 F. Supp. 2d 1057（N. D. Calif. 2000）等。

[③] Langenfeld 和 Li（2001）、Danger 和 Frech Ⅲ（2001）也意识到毛利润率与需求弹性之间的反比例关系，但是他们没有提出用这种关系来修正实际损失公式。

其中，η^{own}为自价格弹性；η^{cross}为交叉价格弹性。

他进一步假设，在价格上涨前，所有生产产品 A 和产品 B 的企业均实现了利润最大化，因而假定垄断者也实现了利润最大化。根据经济学理论，单个企业在利润最大化点上，Lerner 方程①成立。另外，他们假设所有生产产品 A 和产品 B 的企业均是对称的，即它们拥有相同的需求曲线和边际成本曲线，且起点的价格和销量也相同。这样，他们便可以将企业层级的实际损失加总为产品（市场）层级的实际损失。将 Lerner 方程代入上式，并将单个企业的实际损失进行加总，得到统一价格上涨②方式下的实际损失：

$$AL = \frac{t(1-D)}{m}$$

其中，D 为产品 A 和产品 B 之间的转移率。

由于他们假设备选市场上所有企业均是对称的，所以上述公式很容易推广到 n 种对称产品，只不过此时的转移率变为某种产品到其他 $n-1$ 种产品的加总转移率。

Katz 和 Shapiro（2003）假设：①市场上存在多种产品；②所有产品拥有相同的毛利润率；③只提高一种产品 Z 的价格，其他产品的价格保持不变；④需求系统为线性需求形式。通过构建一个差异化产品模型，他们推导出单一价格上涨方式下的实际损失：

---

① Lerner 方程：$m = 1/\eta^{own}$。
② 统一价格上涨方式是指假定垄断者将备选市场上所有产品的价格同时提高相同的幅度。现实中，企业为了实现利润最大化既不会采用单一价格上涨方式，也不会采用统一价格上涨方式，而可能会根据每种产品的需求价格弹性不同，采取不同的价格上涨幅度，本书称之为"可变价格上涨"。由于在可变价格上涨方式下，假定垄断者的行为比较复杂，很难得出简单的计算公式，所以学者们通常只分析单一价格上涨和统一价格上涨情景下的假定垄断者测试及其执行方法。

$$AL = \frac{(1-D)\,t}{m}$$

其中，D 为产品 Z 到其他产品的加总转移率。

如果产品 Z 和其他产品 O 的毛利润率不同，那么上面的实际损失则变为：

$$AL = (1 - \lambda D)\,t\eta^{own}$$

其中 $\lambda = (p^o - c^o) / (p^z - c^z)$。

然后，他们进一步假设产品价格依次上涨相同的幅度，逐个判断某产品价格上涨 SSNIP 后假定垄断者是否是有利可图的。他们认为，如果当某种产品价格上涨 SSNIP 时，只要其他每种产品的加总转移率不会突然大幅度下降，那么上述模型便可以推广到统一价格上涨方式。

对比 O'Brien 和 Wickelgren（2003）与 Katz 和 Shapiro（2003）的假设条件和推导过程，我们发现：

（1）虽然他们推导出的实际损失公式是完全相同的，但是他们赋予转移率完全不同的内涵。O'Brien 和 Wickelgren（2003）采用的转移率是指其他产品价格提高后，这些产品的消费者转而购买目标产品的数量占目标产品销量的比例；Katz 和 Shapiro（2003）采用的转移率是指目标产品的价格上涨后，目标产品的消费者转而购买备选市场上其他产品的数量占相应产品销量的比例的总和。

（2）在推导过程中，他们都利用了 Lerner 方程。与 O'Brien 和 Wickelgren（2003）不同的是，Katz 和 Shapiro（2003）并没有假设所有企业都是对称的，而是将企业毛利润率的倒数看作假定垄断者的需求弹性的上限，因为依据经济理论，在面对同一个价格上涨幅度时，单个企业面临的需求弹性要大于假定垄断者所面临的需求弹性。

与常用的实际损失公式相比，OW-KS 推导出的实际损失公式中包含了备选市场上产品之间的转移率。由于转移率一般大于零，所以在其他条件不变的前提下，采用他们的实际损失公式会界定较窄的相关市场。

在差异化产品市场上，假定垄断者拥有多种产品，当某种或所有产品价格上涨时，部分销量的确会发生内部转移，所以在计算实际损失时，的确应该考虑消费者在产品之间的转移问题。但是，由于OW - KS的实际损失公式在推导过程中使用了Lerner方程，这意味着该公式背后蕴涵一些较强的假设条件，而不单单是一个算术公式。因此，在使用过程中要非常小心。值得注意的是，在同质产品市场上，当所有产品的价格同时上涨某一幅度时，产品之间的转移率为0。换句话说，常用的实际损失公式仅适用于同质产品市场，或者说假定垄断者测试的第一步，即备选市场上只有一种产品。

三 转移率分析

在批判标准临界损失分析的基础上，OW - KS提出了判断假定垄断者的涨价行为是否有利可图的新方法：转移率分析。实际上，该方法只是改变了标准临界损失分析中实际损失的估算方法，由从现实证据直接估算转到从特定经济模型中推导。学者们的争议焦点主要体现在：

（一）Lerner方程的成立条件和代表性

Scheffman和Simons（2003）指出，Lerner方程并不是利润最大化假设的必然产物，而是利润最大化假设与暗含着一些较强假设的简单模型的共同产物。换句话说，OW - KS和Daljord以及Sorgard和Thomassen（2008）所依据的Lerner方程并不总是成立的。比如，在需求函数或成本函数存在尖点（kinks）时，Lerner 方程便不成立。在谈判定价的产业，Lerner 方程也并不总是成立的。另外，他们指出，价格和毛利润率由机会成本、讨价能力（bargaining leverage）、竞争程度和长期考虑等因素决定，简单的 Lerner 方程并不足以反映这些信息。

针对 Scheffman 和 Simons（2003）的质疑，Katz 和 Shapiro（2004）反驳道：①尖点存在的概率较小，即使单个企业的需求曲线或成本曲线可能存在尖点，假定垄断者所面临的产业需求曲线也不存在尖点问题，所以尖点问题不会影响他们在相关市场界定方面的结论；②Lerner 方程成立的条件并不依赖于 Bertrand 模型，在谈判定价的产业中 Lerner 方程同样适用；③Lerner 方程本身已经考虑了 Scheffman 和 Simons（2003）所列出的影响定价的因素。

目前，世界各国的反垄断当局界定相关市场的主要目的是通过计算市场份额和市场集中度来间接评估涉案企业的市场支配力及其变化情况。Lerner 指数（方程）是一种常用的市场支配力的测度方法。在具体案例中，如果可以估算出 Lerner 指数，界定相关市场好像就显得多余了。

（二）转移率分析的适用范围和局限性

Daljord、Sorgard 和 Thomassen（2008）认为，OW - KS 提出的转移率分析仅适用于同质产品市场，因为他们照搬的临界损失公式在差异化产品市场并不成立。在一系列的假设条件下，他们推导出，在对称的差异化产品市场上，单一价格上涨方式下备选市场构成相关市场的判断条件：$D > AL$，该条件与 OW - KS 得出的条件（$D > CL$）完全不同。不过，Kate 和 Niels（2009）认为，虽然 Daljord、Sorgard 和 Thomassen（2008）推导出的临界转移率公式在单一价格上涨情景下是正确的，但是它并不能推广到统一价格上涨方式。

Coate 和 Simons（2009）指出，Katz 和 Shapiro（2003，2004）将单产品价格上涨的情形推广到所有产品价格均上涨的情形时，暗含了市场保持率①（retention rate）等于1的假设，而现实中，市场保持率可能会低于1，导致他们界定出的相关市场较窄。Farrell 和 Shapiro（2010a）承认，在需求函数的曲率充分大的情况下，Coate 和 Simons（2009）指出的市场保持率问题在逻辑上是存在的。不过，在具体的案例中该问题是否显著则是一个实证问题。另外，他们指出，在对称的线性需求系统下，市场保持率等于1，且在离散选择框架下，市场保持率很可能接近于1。因此，他们认为没有必要在转移率分析中引入市场保持率。

实际上，转移率分析是临界损失分析的一个变种，试图解决在差异化产品市场上临界损失分析界定的结果与经济理论不符的问题。但是，为了使界定结果与经济理论保持一致，他们在推导过程中施加了一些较强的假设条件，这使得其应用范围受到一定的限制。至于在某个案例中它是否适用，或者采用它界定的相关市场是否准确可靠则是一个实证问题。

（三）临界损失分析和转移率分析的优劣之争

（1）二者无优劣之分。Coate 和 Williams（2008）认为，临界损失分析在毛利润率较低的产业或同质产品市场上比较适合，而基于 Bertrand 模型的转移率分析则比较适用于差异化产品市场。同时，他们强调模型假设要与现实相吻合，否则模型得出的结论是不可靠的。

（2）临界损失分析优于转移率分析。Coate 和 Simons（2009a）认

---

① 市场保持率是指某种产品价格上涨后其销量转移到备选市场上其他产品的部分，在备选市场上的所有产品价格均上涨后，仍停留在备选市场上的比例。

为，转移率分析只能适用于静态的差异化产品市场，而临界损失分析不仅可以用于同质产品市场、静态的差异化产品市场，还可以用于动态的差异化产品市场。Coate 和 Simons（2009b）认为，转移率分析有严重的缺陷：第一，该方法几乎可以确保较窄的相关市场；第二，该方法构建的是企业模型，而《横向并购指南》中的相关市场界定和临界损失分析关注的是市场结果。为了从企业结果推导出得市场结果，他们施加了很多可能缺乏实证基础的限制性假设。

（3）转移率分析优于临界损失分析。针对 Coate 和 Simons（2009b）的批评，Farrell 和 Shapiro（2010a）反驳道：①他们的方法遵循清晰的经济学原理，并没有试图确保较窄的相关市场；②他们的方法有很好的实证基础。他们构建的模型已充分考虑了多种重要的现实因素如协同行为、互补品的销售，以及动态和无形因素，如消费者的忠诚度、声誉、网络效应和学习曲线等。相反，Coate 和 Simons（2009b）所建议的临界损失分析并没有考虑这些因素，因此它才真正缺乏实证基础。

实际上，这场关于临界损失分析和转移率分析孰优孰劣的争论的核心是如何估算实际损失，因为二者采用相同的临界损失公式。总的来说，这不是一场关于用事实或理论（来估算实际损失）的争论，而是一场如何结合事实和理论来理解市场和竞争的争论。换句话说，他们都承认估计实际损失需要用到经济理论和事实证据，但是当这两种证据存在矛盾时，临界损失分析支持者认为事实胜于理论，而临界转移率支持者则认为经济理论高于事实证据。Coate 和 Williams（2008）认为："如果可靠的临界损失数据与经济模型的理论含义不符，科学的做法是抛弃经济模型的含义而不是真实世界的事实。"而 Farrell 和 Shapiro（2008）则认为，《横向并购指南》的根基是利润最大化，如果事实证据违背了利润最大化假设,那么当事实证据与经济模型的结论不符时,应该抛弃的是事实证据而不是基于利润最大化假设的经济模型。

在系统地梳理这场争论的基础上,Farrell 和 Shapiro(2008)进一步完善了 OW - KS 的思想,并提出了一个更加完善的转移率分析框架。他们假设:①企业是利润最大化追求者;②每个企业只生产一种产品;③所有产品均是对称的;④在价格上涨区间内,每种产品均是线性需求;⑤只提高一种产品的价格。利用寡头竞争模型和推测变分(conjectural variations)技术,他们给出了不同情形下一个产品或一组产品构成相关市场的判断条件①:

(1) 当备选市场上其他产品的价格保持不变时,$D > t/(m+t)$,其中 D 为备选市场上涨价产品到其他产品的加总转移率;

(2) 当备选市场上其他产品的价格会对某种产品的涨价行为作出反应时,$D^* > t/(m+t)$,其中 D^* 为剩余需求下备选市场上涨价产品到其他产品的加总转移率,他们指出这是一个充分非必要条件;

(3) 当需求曲线存在尖点,且备选市场上其他产品的价格会对某种产品的涨价行为作出反应时,$D^* > (t/(m+t) + k)/(1+k)$,其中 k 是一个不对称参数,满足 $AL = (1+k)(t/m)$;

(4) 当利润函数中不包含消费者忠诚度、声誉、网络效应和学习曲线等信息时,假设这些因素可以给企业带来单位收益 B,此时毛利润率 $m^* = m + b$,其中 $b = B/p$。

如果单位收益 B 为正,$m^* > m$,只要备选市场在不考虑这些因素的情况下满足条件(1)~(3),那么它也一定满足考虑这些因素后的条

---

① 该部分的技术细节参见 Farrell 和 Shapiro(2008)的附录。

件，比如 $D^* > t/(m+t) > t/(m+b+t)$。换句话说，如果这些因素可以给企业带来正的收益，那么 Scheffman 和 Simons（2003）所提出的这些因素会影响 Lerner 成立条件的辩词将变得没有任何意义。

在某个具体案例中，如果利润最大化假设得不到满足，那么经济模型的解释力显然较弱；反过来，如果搜集到的事实证据不具有代表性，那么事实证据的解释力则相对较弱。因此，问题的关键不在于经济模型和事实证据的解释力孰优孰劣，而在于具体案例中哪种证据与现实更加吻合。

四　临界弹性分析

Johnson（1989）提出了临界弹性分析，其核心思想是考察备选市场上假定垄断者面临的临界弹性是否大于实际弹性。像临界损失分析一样，临界弹性分析也分为利润最大化情景下的临界弹性分析（以下简称 PMCE，profit-maximization version of critical elasticity）和利润不变情景下的临界弹性分析（以下简称 BECE，breakeven version of critical elasticity）。

Werden（1992）在附录里给出了利润最大化版下线性和不变弹性需求函数形式下的临界弹性公式。Baumann 和 Godek（1995）在对比分析 BECE 和 PMCE 的基础上，推导出它们在线性和不变弹性需求函数形式下的临界弹性公式。他们发现，在两种情景下，线性需求函数形式下的临界弹性都小于不变弹性需求函数形式下的临界弹性，这意味着在其他条件相同的情况下，线性需求函数形式下的相关市场相对较宽（见表 2-2）。

表 2-2 不同情形下的临界弹性公式

需求函数形式	利润最大化	利润不变
线性需求函数	$CE = \dfrac{1}{2t + m}$	$CE = \dfrac{1}{t + m}$
不变弹性需求函数	$CE = \dfrac{1 + t}{m + t}$	$CE = \dfrac{\ln(m + t) - \ln(m)}{\ln(1 + t)}$

资料来源：Werden（1998）。

Werden（1998）注意到，当价格上涨率 t 比较小或者毛利润率 m 比较大时，表 2-2 中的四个临界弹性值比较接近，这意味着此时四种情形下界定出的相关市场可能是相同的。另外，他分析了临界弹性分析的优点和缺点。由于临界弹性融合了价格上涨和相应的数量变化信息，而临界损失只包括数量变化信息，所以他认为，临界弹性分析要优于临界损失分析。同时，他指出，当需求曲线存在尖点时，临界弹性分析可能会产生错误的结果。

Langenfeld 和 Li（2001）则认为临界损失分析一般优于临界弹性分析，理由是：①计算临界弹性和临界损失所需的信息是相同的，而估算实际弹性比估算实际损失一般需要更多的信息，估计过程一般也较为复杂；②在需求曲线存在尖点时，临界弹性分析可能产生错误的结果，而 BECL 则不受影响，因为其独立于需求函数形式。

Werden（2002）指出，当发生下列任何一种情形时：①一种产品具有多种用途，并且多种用途之间的需求弹性差异较大；②边际成本随着产量变化而显著变化；③企业可以通过关闭部分生产能力显著降低固定成本。临界损失分析和临界弹性分析都可能得出错误的结论。具体来说。在第一种情形下，既可能高估也可能低估假定垄断者的市场支配力；在后两种情形下一般会低估假定垄断者限制产量的动机。

由于两种版本下的临界弹性公式都依赖于需求函数形式。在具体案例中，需求函数形式一般很难确定，这使得采用该方法界定相关市场面临因选错需求函数形式而导致界定出较宽或较窄的相关市场的风险。相比较而言，常用的利润不变版本的临界损失公式独立于需求函数形式，则没有这种风险。在估计实际弹性和实际损失时需要的信息和估计过程基本相同。因此，临界弹性分析并没有优势，这一点也可以从文献多寡看出。目前临界损失分析的文献多如牛毛，而临界弹性分析的文献则寥若晨星。

五 剩余需求分析

Scheffman 和 Spiller（1987）首次采用剩余需求分析来界定相关地域市场[①]，其核心思想是：如果备选市场的假定垄断者面临的剩余需求弹性小于某一个临界值，那么该备选市场将构成一个相关市场。其步骤是：首先，估计备选市场的假定垄断者面临的剩余需求曲线；其次，根据估计出的剩余需求曲线，计算剩余需求弹性。如果剩余需求弹性低于临界值，那么备选市场就构成相关市场；否则，像假定垄断者测试一样，进一步拓展备选市场，直到剩余需求弹性小于临界值为止。Higgins 等（1995）利用剩余需求分析界定了碳酸饮料行业的相关产品市场。

Froeb 和 Werden（1991）分析了该方法的复杂性和局限性。他们指出，剩余需求弹性通常是变化的，且其大小依赖于模型的行为假设。因此，他们认为该方法存在理论缺陷。他们还指出，消费者行为的动态复杂性使得估计剩余需求曲线非常困难。即使可以估计出来，估计结果也

---

① 其实，经济学家在此之前已经多次采用剩余分析技术来分析反垄断问题，比如 Landes 和 Posner（1981）利用剩余需求分析考察企业的市场份额和市场支配力之间的关系，Baker 和 Bresnahan（1988）推导和估计了差异化产品市场上单个企业面临的剩余需求曲线。

可能是有偏的。

剩余需求分析与临界弹性分析的根本区别在于前者通过估计剩余需求曲线获得总需求弹性，而后者则通过估计马歇尔需求曲线获得局部需求弹性。一般来说，前者小于后者。但是，由于临界弹性分析中的临界弹性公式不仅包括价格上涨率，还包括毛利润率，而剩余需求分析中的临界弹性是一个固定的数值，所以无法比较两种临界值的大小，也就无法判断哪种方法界定出的相关市场较宽或较窄。

从理论上看，由于剩余需求分析考虑了竞争者的动态反应，与现实比较吻合，所以它比临界损失分析、转移率分析和临界弹性分析都更加合理。但是，由于它需要的信息量较大，在具体案例中很可能无法估计出剩余需求弹性，所以它在现实中很难操作。

六　机会成本法

Farrell 和 Shapiro（2010b）提出了一种新的执行假定垄断者测试的方法——机会成本法。与临界损失分析、临界弹性分析和转移率分析从需求的角度评估并购前的企业与假定垄断者之间的定价激励差异不同，该方法从成本的角度评估该定价激励差异。其核心思想是：如果备选市场上假定垄断者销售某种产品的机会成本，通过成本-价格传导率使得其价格上涨的幅度大于给定的价格增长率（一般为5%~10%），那么备选市场构成相关市场。

采用机会成本法来界定相关市场，只需要三个数据：估计所关注产品的毛利润率、内部转移率（recapture rate）和成本-价格传导率（pass-through rate）。Farrell 和 Shapiro（2010b）在一系列假设条件下，推导出产品 1，2，…，n 构成相关市场的条件：

(1) 在对称的情形下，充分条件：$PTR_n \times REC_n \times m > s$；必要条件：$PTR_n \times REC_n \times (m+s) < s$。

(2) 在非对称的情形下，充分条件：$PTR_1 \times [D_{12}(p_2 - c_2) + \cdots + D_{1n}(p_n - c_n)] > sp_1$。

其中，PTR_n、REC_n 和 m 分别为 n 种产品总的成本-价格传导率、从产品 1 到其他 $n-1$ 种的内部转移率和毛利润率，PTR_1 为产品 1 的成本-价格传导率，D_{1i} 为从产品 1 到产品 i 的转移率，s 为给定的价格上涨率。

从上述条件可以看出，并购前的毛利润率和成本-价格传导率越大，相关市场越窄；而给定的价格上涨率越大，相关市场越宽。

机会成本法的最大优点在于它基于一般的经济学逻辑，不依赖于具体的经济理论。另外，它对数据的要求也不高，所需的毛利润率和内部转移率（加总转移率）一般也是其他方法（如临界损失分析）所需要的。Farrell 和 Shapiro（2010b）承认，成本-价格传导率一般较难获得。如果在现实中无法获得成本-价格传导率等数据，他们建议通过情景分析来解决数据缺失问题。

本章小结

相关市场界定是反垄断领域的核心问题。自 1948 年哥伦比亚钢铁公司案中，美国最高法院首次使用了"相关市场"一词以来，有关当局和学者提出了诸多界定相关市场的方法。但是，目前尚没有一种完备的、公认的相关市场界定方法。本章系统介绍了这些方法，并将其归为三大类：一是早期案例中提出的方法，包括需求交叉弹性法、"合理的互换性"测试、"独有的特征和用途"测试和聚类市场法；二是基于套利理论的方法，主要包括价格相关性检验和运输流量测试；三是假定垄断者测试及其具体的执行方法，包括临界损失分析、临界弹性分析、转移率分析、剩余需求分析和机会成本法。

目前前两类方法基本上已经退出历史舞台。早期案例中提出的方法在1982年假定垄断者测试提出之后，已经很少在反垄断案件中被采用。价格相关性检验的最大缺陷是两种产品价格之间的高度相关性既不是它们处于同一个相关市场的充分条件也不是必要条件。运输流量法的致命缺陷是无法给出两个区域的交叉需求弹性信息，而交叉需求弹性才是界定相关市场的关键。虽然基于套利理论的方法具有很好的经济学基础，但是由于上述致命的缺陷，这些方法在现实中也基本被弃用。

虽然假定垄断者测试及其执行方法仍存在很多问题，比如，初始备选市场的选择、恰当的价格上涨率的确定和起点价格的选择等，但是，它们仍然是迄今为止相对比较好的相关市场界定范式和方法，也是世界各国反垄断执法机构在执法过程中主要采用的相关市场界定方法。综合现有文献的研究成果，我们得出以下结论：

（1）假定垄断者测试是一种界定相关市场的范式，不仅仅是一种相关市场界定方法。由于直接执行假定垄断者测试所需要的信息量较大（比如需要构造利润函数），现实中很少直接采用。为了使其更具可操作性，学者们提出了临界损失分析等具体的执行方法[①]。

（2）目前执行假定垄断者测试主要有两种思路：一是通过考察涉案企业和假定垄断者之间的定价激励差异来界定相关市场，主要包括临界损失分析、转移率分析、临界弹性分析和机会成本法；二是通过构建寡头

---

① 国内大多数学者将假定垄断者测试与临界损失分析等执行方法等同起来，这是一种错误的认识。

竞争模型，直接评估假定垄断者控制价格的能力，主要有剩余需求分析。

（3）各种执法方法的核心思想是相同的，它们之间的主要区别在于考察的指标不同。比如，临界损失分析和转移率分析考察销量或销售额指标，临界弹性分析和剩余需求分析考察需求自价格弹性指标。值得注意的是，这些方法的假设条件和适用范围不同，它们之间不具有可比性。在具体案例中，采用哪种方法界定的相关市场更准确是一个实证问题。

（4）临界损失分析和转移率分析本质上是一种执行方法。关于它们的各种争论的焦点在于如何准确地估算毛利润率和实际损失。实际上，每位学者的观点在其假设的条件下都是成立的，但是它们都不具有普遍性。目前，实证产业组织理论中尚没有一种大家公认的估算毛利润率的方法。至于采用事实证据直接估算的实际损失和采用经济模型间接估算的实际损失哪一个更准确，则是一个实证问题。

第三章　假定垄断者测试及其执行方法：一个框架

第二章介绍了十几种相关市场界定方法。目前世界各国的反垄断执法机构主要采用假定垄断者测试及其执行方法来界定相关市场，其中使用频率较大的主要有临界损失分析、转移率分析和临界弹性分析等执行方法。在具体案例中，这些常用方法会界定出相同的相关市场吗？如果不能，那么它们界定出的相关市场之间存在怎样的联系呢？本章将重点回答这些问题。具体来说，本章拟考察假定垄断者测试及其执行方法不同版本下界定出的相关市场之间的联系、同一版本不同需求系统下界定出的相关市场之间的联系、同一版本相同需求系统不同价格上涨方式下界定出的相关市场之间的联系。

鉴于临界损失分析、转移率分析和临界弹性分析都是通过比较临界值和实际值的大小来界定相关市场，并且都是假定垄断者测试的执行方法，我们将它们统称为临界分析方法。

目前研究假定垄断者测试和临界分析方法的文献有很多。学者们在不同的假设条件下，得出了相同或相异的结论。由于假设条件不同，我们无法比较这些结论的对与错。就像盲人摸象一样，每个人的结论都是正确的，也都是错误的，因为每个人基于的事实不同。为了"看到"

一个完整的"大象",本章将首先设定一个统一框架,然后考察在该框架内各种方法之间的联系。这些方法之间的联系错综复杂,一般可以分为3个层次:

第1层是指导思想。目前假定垄断者测试有两个指导思想:一种是假定垄断者在给定的价格增长率(一般为5%~10%,下略)下可以增加利润,我们称之为"可以获利"版;另一种是假定垄断者在给定的价格增长率下可以实现利润最大化,我们称之为"将会获利"版。相应的临界分析方法也有两个版本,即执行"可以获利"版的"利润不变"版和执行"将会获利"版的"利润最大化"版。

第2层是实施方案。目前学界主要有两种观点:一是假定垄断者通过将备选市场上某种产品的价格提高给定的价格上涨幅度来实现最优利润,也就是说,假定垄断者只关注一种产品,我们称之为单一价格上涨方式;二是假定垄断者通过将备选市场上所有产品的价格同时提高给定的价格上涨幅度来实现最优利润,也就是说,假定垄断者关注所有产品,我们称之为统一价格上涨方式。

第3层是计算方法。当备选市场有两种及以上产品时,利润有两种计算方法或统计口径:一是假定垄断者只关注某一种产品的利润,二是假定垄断者关注所有产品的总利润。同样,当备选市场上有多种产品时,损失也有多种计算方法,主要有三种:一是总损失,即备选市场上某种或某些产品价格上涨某一幅度后,某种产品转移到备选市场内外的销量;二是净损失,即备选市场上某种或某些产品价格上涨某一幅度后,转移到备选市场外的销量;三是损失额,即备选市场上某种或某些产品价格上涨某一幅度后,备选市场上假定垄断者净损失的销售额。这样,在同一版本同一种价格上涨方式下由于所采用的计算方法不同,同一种方法也可能界定出不同的相关市场。

现有文献是杂乱的、参差不齐的。为了更好地考察它们之间的联系，我们将根据现有文献的思想补足某些方法某些情形下的相关市场界定内容。举个例子，目前尚没有研究"利润最大化"版下转移率分析的文献，为了全面比较各种临界分析方法之间的联系，我们将根据转移率分析的思想，补足"利润最大化"版下如何利用转移率分析来界定相关市场的内容。另外，许多文献中推导出的公式或结论是错误的。在这种情况下，一方面在本章的框架内复述这些公式或结论，另一方面给出我们对该问题的思考。

第一节　需求函数形式未知

本节旨在从宏观上考察在需求系统未知的一般需求系统下，各种常用方法之间的联系。本节首先构建一个统一的分析框架；其次考察假定垄断者测试与临界分析方法之间的联系；再次分别考察假定垄断者测试和临界分析方法的内部联系；最后考察临界损失分析不同情形之间的联系。

一　基本设定

目前研究假定垄断者测试、临界损失分析和转移率分析的文献一般都假设：①市场上存在两种（或 n 种）对称的差异化产品[1]；②（暗含）假

---

[1] 这里对称的含义是指两种产品具有对称的需求曲线，相同的初始价格、初始销量和初始毛利润率（markup）。

设每种产品仅有一家企业或者 n 家对称的企业生产①；③每家企业只生产一种产品②。由于现实中大多数产品之间是非对称的，每种产品均由多家企业提供，大多数企业都能提供多种产品，所以这些假设与现实不符。这使得基于这些假设的模型结果的准确性值得怀疑。为了使模型与现实更加吻合，我们假设某国或某地区的产品市场满足如下条件：

（1）市场上有 h 种产品，每种产品由多家企业提供；

（2）产品之间互为替代品，且产品之间的替代关系可能是非对称的③；

（3）市场上有 L 家企业，每家企业只提供一种产品，生产同一种产品的企业之间可能是非对称的；

（4）市场上不存在共谋和价格歧视行为；

（5）企业是最大化利润的追求者，企业的生产规模报酬不变，没有生产能力约束；

（6）需求曲线是平滑的，即不存在尖点（kinks）；

（7）边际成本在价格上涨区间内保持不变；

（8）备选市场是单边市场；

为了弄清楚假定垄断者测试和各种临界分析方法之间的联系，以及它们的内部联系，我们需要对市场上的并购行为做出统一假设。为了不失一般性，假设：

（9）市场上企业 A 和企业 B 拟进行并购；

---

① 实际上，每种产品由 1 家企业提供的假设与每种产品由 n 家对称企业提供的假设是等同的，只不过后者中每家企业的供应量是前者的 $1/n$。

② 目前仅有 Moresi 等（2008）研究了多产品企业并购中的相关市场界定问题，他们将 Katz 和 Shapiro（2003）提出的临界转移率方法推广到多产品企业并购的情形。

③ 比如，产品 A 是产品 B 的紧密替代品并不意味着产品 B 也是产品 A 的紧密替代品。

(10) 市场上产品之间的替代规则：当 $i<s$ 时，如果 $s<k$，那么 $\varepsilon_{is}>\varepsilon_{ik}$；当 $i>s$ 时，如果 $s<k$，那么 $\varepsilon_{is}<\varepsilon_{ik}$，其中 ε_{is}、ε_{ik} 分别为产品 i 的需求量对产品 s、产品 k 的交叉价格弹性，$i, s, k=1, 2, \cdots, h$；

(11) 备选市场外的产品信息是已知的。

二　假定垄断者测试和临界分析方法之间的关系

从指导思想上看，临界分析方法是假定垄断者测试的具体应用。临界弹性分析和转移率分析是从临界损失分析演化而来的。它们的思想与假定垄断者测试是一脉相承的。

从实施方案来看，假定垄断者测试考察价格上涨前后，假定垄断者的利润变化情况；临界损失分析考察假定垄断者满足一定条件的销量或销售额损失与价格上涨后的实际销量或销售额之间的关系；临界弹性分析考察假定垄断者满足一定条件的弹性与价格上涨后的实际弹性之间的关系；转移率分析则考察假定垄断者满足一定条件的转移率与价格上涨后的实际转移率之间的关系。由于上述很多条件依赖于具体的需求函数形式，所以虽然它们的思想是统一的，但是在实际操作中，采用不同的方法仍然可能得到不同的相关市场。第二节和第三节将详细讨论线性需求系统和不变弹性需求系统下，它们之间的具体联系。

三　假定垄断者测试的内部联系

本部分首先考察假定垄断者测试"可以获利"和"将会获利"两种版本之间的联系，然后分别考察两种版本下不同价格上涨方式之间的联系。

（一）两种版本之间的联系

如前所述，假定垄断者将备选市场上的一种或多种产品的价格提高一定比例后，"可以获利"版的核心问题是它是否可以增加利润，而"将会获利"版的核心问题是它是否将会实现最优利润。在上述假设条件下，得到两种版本下这 h 种产品构成相关市场的条件：

$$\begin{cases} \pi(P^t) > \pi(P) & \text{"可以获利"版} \\ \pi(P^*) \geq \pi(P^t) & \text{"将会获利"版} \end{cases}$$

其中，P^t 为价格上涨给定幅度（一般为5%~10%，下同）后的价格向量，在单一价格上涨方式下，$P^t = P^s = [p_1, p_2, \cdots, (1+t)p_i, p_{i+1}, \cdots, p_n]$，在统一价格上涨方式下，$P^t = P^u = [(1+t)p_1, (1+t)p_2, \cdots, (1+t)p_h, p_{h+1}, \cdots, p_n]$，$P = (p_1, p_2, \cdots, p_n)$ 为当前价格向量，$P^* = (p_1^*, p_2^*, \cdots, p_h^*, p_{h+1}, \cdots, p_n)$ 为假定垄断者取得最大化利润时的价格向量。

对比"可以获利"版和"将会获利"版下的相关市场条件，我们发现：①二者的主要区别在于，前者主要是一种数学运算，其结果独立于经济理论，而后者则需要求解假定垄断者的利润最大化行为，其结果依赖于所采用的经济理论；②哪种情形下的相关市场更宽取决于具体的需求函数；③同一版本不同价格上涨方式下的相关市场的宽窄也取决于需求函数形式。

实际上，根据某些学者[①]在研究临界损失分析时所采用的隐含假设，假定垄断者测试还有一种相关市场判断条件："可以获利"版下为

---

① 如 Kate 和 Niels（2009）在推导临界净损失公式时，在备选市场上有两种产品的情况下，只关注其中一种产品的利润。

$\pi_i(P') > \pi_i(P)$，"将会获利"版下为 $\pi_i(P^*) \geqslant \pi_i(P')$，即只要假定垄断者所关注的第 i 种产品的利润（而不是通常所说的备选市场上的总利润）满足条件即可。

在反垄断实践中，"可以获利"版操作起来相对比较简单，目前备受各国反垄断执法机构的青睐。但是，"将会获利"版的思想与当前的美国《横向并购指南》思想更为吻合。

（二）"可以获利"版

假设产品 i 是假定垄断者关注的焦点，依据"可以获利"版的基本思想，得到单一价格上涨和统一价格上涨方式下，这 h 种产品构成相关市场的条件分别为：

单一价格上涨方式：

$$\sum_{j=1}^{h}\{(p_j - c_j)[f_j(P') - f_j(P)]\} + tp_i f_i(P') > 0 \qquad (3-1)$$

统一价格上涨方式：

$$\sum_{j=1}^{h}\{(p_j - c_j)[f_j(P'') - f_j(P)]\} + \sum_{j=1}^{h} p_j f_j(P'') > 0 \qquad (3-2)$$

对比（3-1）式和（3-2）式，我们发现，单一价格上涨方式下这 h 种产品构成相关市场的条件是否比统一价格上涨方式下的相应条件更为严格，取决于需求系统的具体设定。

（三）"将会获利"版

为了方便分析，将"将会获利"版的核心问题转化为：假定垄断者取得最大利润时的价格与当前价格相比是否有显著上涨，即最优价格增长率是否大于给定的价格增长率。

假设给定的价格上涨率为 t，依据"将会获利"版的思想，得到两种价格上涨方式下，这 h 种产品构成相关市场的条件分别为：

单一价格上涨方式：

$$\begin{cases} (p_i^* - p_i) / p_i \geq t \\ \text{s.t.} \ P_h^* = \arg\max \pi(P) \end{cases} \quad (3-3)$$

统一价格上涨方式：

$$\begin{cases} \min\ [(p_i^* - p_i)/p_i] \geq t \quad i=1,2,\cdots,h \\ \text{s.t.} \ P_h^* = \arg\max \pi(P) \end{cases} \quad (3-4)$$

其中，$P^* = (p_1^*, p_2^*, \cdots, p_h^*)$。

对比上述两式，我们发现：①两种价格上涨方式下的约束条件是相同的，即价格向量为最优价格向量；②这 h 种产品要构成相关市场，单一价格上涨方式只要求第 i 种产品的最优价格增长率不小于给定的价格增长率，而统一价格上涨方式则要求这 h 种产品的最优价格增长率均大于或等于给定的价格增长率。显然，单一价格上涨方式下的条件更容易得到满足，这意味着在其他条件相同的情况下，统一价格上涨方式下的相关市场相对较宽。比如，当 $(p_i^* - p_i)/p_i \geq t$，且 $(p_j^* - p_j)/p_j < t$ 时，在单一价格上涨方式下，依据假定垄断者测试，这 h 种产品构成相关市场，而在统一价格上涨方式下，它们则不构成相关市场。

四 临界分析方法之间的联系

临界分析方法包括临界损失分析、临界弹性分析和转移率分析。根据所采用损失概念的不同，临界损失分析又细分为临界总损失（临界损失分析）、临界净损失和临界损失额分析。为了避免混淆，如无特别说明，本小节中的临界损失分析均指临界总损失分析。

当备选市场上的产品多于一种，即 $h>1$ 时，假定垄断者只关注某种产品（比如第 i 种产品）的利润，还是关注备选市场的总利润？虽然现有文献中，学者们并没有明确回答该问题，甚至根本没有意识到该问题的存在，但是，他们在推导公式的过程中已经"暴露"了他们的答案。目前的主流答案是假定垄断者应该关注总利润。在关注总利润的前提下，假定垄断者是关注某种产品的销量、弹性和转移率的变化，还是备选市场上所有产品的总销量、总弹性和总转移率的变化？学者们对此意见不一，由此产生了许多细分方法。目前该问题的主流观点是假定垄断者只关注单产品某个指标的变化情况。为了简化分析，本小节假设假定垄断者追求备选市场的总利润最大化，但只关注某种产品某个指标的变化情况。其他情形将在第二节和第三节中详细讨论。

（一）"利润不变"版

根据假定垄断者测试"利润不变"版的思想，假定垄断者将其中一种或多种产品的价格提高 $t\%$ 后，其利润保持不变。依据各自的分析思路，我们得到各种临界分析方法下，这 h 种产品构成相关市场的条件：

$$\text{临界损失分析：} \begin{cases} CL^c = \dfrac{\Delta q_i^c}{q_i} > AL^c = \dfrac{|q_i^t - q_i|}{q_i} \\ \text{s.t. } \pi(P, q_i) = \pi(P^t, q_i, \Delta q_i^c) \end{cases} \quad (3-5)$$

其中，CL^c 和 AL^c 分别为临界损失和实际损失，q_i 和 Δq_i^c 为价格上涨前后，备选市场上第 i 种产品的销量和假定垄断者维持利润不变所需要的销量变化量，q_i^t 为第 i 种产品价格上涨后的实际销量。

临界弹性分析：$\begin{cases} CE^c = \dfrac{\Delta q_i^c}{q_i t} > AE^c = \dfrac{\partial q_i}{\partial p_i}\dfrac{p_i}{q_i} \\ \text{s. t. } \pi(P, q_i) = \pi(P^t, q_i, \Delta q_t^c) \end{cases}$ (3-6)

其中，CE^c 和 AE^c 分别为临界弹性和实际弹性。

转移率分析：$\begin{cases} CD^c = \dfrac{\sum_{j=1, j\neq i}^{h} \Delta q_{ji}^c}{\Delta q_i^c} < AD^c = \dfrac{\sum_{j=1, j\neq i}^{h} (q_j^t - q_j)}{|q_i^t - q_i|} \\ \text{s. t. } \pi(P, q_i) = \pi(P^t, q_i, \Delta q_t^c) \end{cases}$ (3-7)

其中，CD^c 和 AD^c 分别为转移率①和实际转移率②，Δq_{ji}^c 为当产品 i 的价格上涨使得产品 j 增加的销量。

通过比较（3-5）式～（3-7）式，我们发现：虽然各种临界分析方法所关注的指标不同，但是它们的约束条件是相同的，并且它们的临界值都是从价格上涨前后假定垄断者的利润保持不变这个约束条件中推导出来的。

(二)"利润最大化"版

根据假定垄断者测试的"将会获利"版，假定垄断者获得最大利润时，与当前价格相比，备选市场上某种或所有产品的价格至少上涨 $t\%$。按照各自的分析思路，得到各种临界分析方法下，这 h 种产品构

---

① O'Brien 和 Wickelgren（2003）、Katz 和 Shaprio（2003）在推导差异化产品市场的相关市场判断条件的过程中，在计算临界损失时忽略了备选市场上产品之间的内部转移问题。他们最终得出的结论暗含着临界转移率等于临界损失。

② 目前有两种概念：O'Brien 和 Wickelgren（2003）认为，实际转移率是指备选市场上其他产品的价格上涨后，转回到所关注产品（比如产品 i）的销量之和占产品 i 因其自身价格上涨所造成的销量损失的比例；Katz 和 Shaprio（2003）认为，实际转移率是指产品 i 的价格上涨后，转移到备选市场上其他产品的销量之和占产品 i 销量损失的比例。显然，后一种概念更合理一些。因此，我们在计算（3-7）式中的临界转移率和实际转移率时均采用后一种概念。

成相关市场的条件：

临界损失分析：$\begin{cases} CL^w = \dfrac{|q_i^* - q_i|}{q_i} > AL^w = \dfrac{|q_i^t - q_i|}{q_i} \\ \text{s. t.} \quad (p_i^*, q_i^*) = \arg\max \pi(P, Q) \end{cases}$ (3-8)

其中，q_i^* 为假定垄断者取得最优利润时第 i 种产品的销量。

临界弹性分析：$\begin{cases} CE^w = \dfrac{|q_i^* - q_i|}{q_i t^*} > AE^w = \dfrac{\partial q_i}{\partial p_i}\dfrac{p_i}{q_i} \\ \text{s. t.} \quad (p_i^*, q_*^*) = \arg\max \pi(P, Q) \end{cases}$ (3-9)

其中，$t^* = (p_i^* - p_i)/p_i$ 为最优价格增长率，而不是给定的价格增长率。

转移率分析：$\begin{cases} CD^w = \dfrac{\sum_{j=1, j \neq i}^{h}(q_j^* - q_j)}{|q_i^* - q_i|} < AD^w = \dfrac{\sum_{j=1, j \neq i}^{h}(q_j^t - q_j)}{|q_i^t - q_i|} \\ \text{s. t.} \quad (p_i^* - q_i) = \arg\max \pi(P, Q) \end{cases}$

(3-10)

严格来说，CD^w 只是假定垄断者取得最大利润时备选市场上其他产品的销量变化量与产品 i 的销量变化量的比值，而不是真正的转移率，因为备选市场上的所有产品是同时实现最优销量的，不存在某种产品的价格上涨而发生销量的内部转移问题。另外，当假定垄断者取得最大利润时，与当前销量相比，所有产品的销量都可能下降，也就是说，转移率的分子很可能小于零，而转移率的分母大于零，所以转移率小于 0。虽然这与一般的理解相悖，但由于实际转移率也可能小于 0，所以这可能不会造成转移率分析的失效。

对比（3-8）式~（3-10）式，我们发现：与"利润不变"版一样，各种临界分析方法的约束条件也是相同的，只不过它们的临界值都是从假定垄断者获得最大化利润这个约束条件中推导出来的。

（三）两种版本之间的联系

对比上述两种版本下的相关市场条件，我们发现：在不同版本下，同一种方法的约束条件是不同的，从而导致它们的临界值不等。不过，它们的实际值是相等的。由于我们无法确认不同版本下同一种方法的临界值之间的关系，所以也就无法比较不同版本下同一种方法界定出来的相关市场的宽窄。

五 临界损失分析不同情形之间的联系

在前面考察各种临界分析方法之间的联系时，已经表明，同一种方法不同版本之间的主要区别在于它们的约束条件不同。从抽象的表达式来看，它们看起来是相似的。因此，为了避免重复，下面将主要考察"利润不变"版下不同价格上涨方式之间的联系。鉴于在前面考察临界分析方法之间的联系时，已经介绍了临界总损失分析，所以本小节主要介绍临界净损失分析和临界损失额分析，并考察三种临界损失分析思路之间的联系。

（一）单一价格上涨方式

假设假定垄断者只关注备选市场上的第 i 种产品。为了获得利润，假定垄断者将产品 i 的价格提高 $t\%$。如果这 h 种产品是对称的，那么依据临界损失分析的思想，得到这 h 种产品构成相关市场的条件[①]：

[①] 如上所述，同一种情形下不同情景下的约束条件是相同的。为了方便阅读，我们省略了约束条件。

$$CL_{net}^c = \frac{(1-D^c)\Delta q_i^c}{q_i} > AL_{net}^c = \frac{-(1-D)(q_i^{st}-q_i)}{q_i} \quad (3-11)$$

其中，CL_{net}^c 和 AL_{net}^c 分别为临界净损失和实际净损失。D^c 与 D 分别为转移率与实际转移率①，q_i^{st} 为单一价格上涨方式下价格上涨后产品 i 的销量。

现实中，备选市场上所有产品均对称的情形是比较少见的。Kate 和 Niels（2009）建议，如果这 h 种产品是非对称的，但是它们的毛利润率是相等的，那么采用销售额来度量损失比较合适，此时这 h 种产品构成相关市场的条件变为：

$$CL_{sale}^c = \frac{\left|\Delta(p_iq_i)^c + \sum_{j=1,j\neq i}^{h}(p_j\Delta q_j^c)\right|}{\sum_{i=1}^{h}(p_iq_i)} > AL_{sale}^c = \frac{\left|\Delta(p_iq_i)^{st} + \sum_{j=1,j\neq i}^{h}(p_j\Delta q_j)\right|}{\sum_{i=1}^{h}(p_iq_i)}$$

$$(3-12)$$

其中，CL_{sale}^c 和 AL_{sale}^c 分别为临界损失额和实际损失额，$\Delta(p_iq_i)^c = (1+t)\,p_iq_i^c - p_iq_i$ 和 $p_j\Delta q_j^c$ 分别为假定垄断者维持利润不变时，第 i 产品损失的销售额和第 j 种产品增加的销售额，$\Delta(p_iq_i)^t = (1+t)\,p_iq_i^t - p_iq_i$ 和 $p_j\Delta q_j^{st}$ 分别为价格上涨 $t\%$ 后，第 i 产品实际损失的销售额和第 j 种产品实际增加的销售额。

对比（3-5）式、（3-11）式和（3-12）式，我们发现：①如果假定垄断者维持利润不变时的转移率等于实际转移率，那么临界损失分析和临界净损失分析的实质是相同的，它们将界定出相同

---

① 注意，由于备选市场上的产品之间存在某种程度的替代性，所以某种产品的价格上涨，一般会提高其他产品的销量。当备选市场上拥有较多产品时，（3-11）式中临界转移率和实际转移率都可能大于1，此时临界净损失为负数。

的相关市场；②由于（3-12）式中除了有产品的需求量外，还包含其他信息，所以在需求系统未知的一般需求系统下，我们很难看出临界损失额分析与临界损失分析和临界净损失分析之间的联系。

（二）统一价格上涨方式

由于统一价格上涨方式与单一价格上涨方式的利润函数不同，所以它们的约束条件也不相同，这一点在以后章节中可以很清楚地看到。尽管如此，在高度抽象的情形下，两种价格上涨方式下相应的相关市场条件还是非常相似的。我们只需将（3-11）式中的 q_i^{st} 变为 q_i^{ut}，就可以得到统一价格上涨方式下临界净损失分析的相关市场条件。类似地，将（3-12）式中的 q_i^{st} 变为 q_i^{ut}，同时将维持利润不变的转移率 D 解释为当备选市场上所有产品的价格同时上涨 $t\%$ 时，从第 i 产品到备选市场上其余 $h-1$ 种产品的转移率之和，我们将得到统一价格上涨方式下临界损失额分析的相关市场条件。

由于假设备选市场上的产品之间均存在一定的替代性，所以当其他产品的价格也提高 $t\%$ 时，产品 i 的销量损失会减少，甚至增加，即 $q_i^{st} < q_i^{ut}$。由（3-11）式和（3-12）式可知，单一价格上涨方式下的实际损失和实际损失额一般大于统一价格上涨方式下的相应数值。但是，由于两种价格上涨方式下的临界损失和临界损失额一般也具有类似的关系，所以也就很难比较两种情形下相关市场的宽窄。

六 小结

本节首先构建了一个统一的分析框架，然后考察了假定垄断者测试和临界分析方法之间的联系，以及它们的内部联系，接着考察了临界损失分析两种价格上涨之间的联系。研究发现：

（1）临界损失分析是假定垄断者测试的执行方法，而临界弹性分析和转移率分析是从临界损失分析中衍生出来的。但是，在实际操作中由于它们所利用的信息不同，所以在同一个案例中，不同的方法可能界定出不同的相关市场。

（2）由于假定垄断者测试的"将会获利"版和临界分析方法的"利润最大化"版的相关市场条件依赖于需求函数形式，所以在需求系统未知的一般需求系统下，通常无法判断同一种方法两种版本之间的联系。

（3）虽然同一版本下各种临界分析方法的约束条件相同，但是由于它们考察的指标不同，所以它们在实践中对同一个案例可能界定出不同的相关市场。

（4）如果假定垄断者维持利润不变时的转移率等于实际转移率，那么临界损失分析和临界净损失分析将界定出相同的相关市场。由于临界损失额分析的相关市场条件较为复杂，一般很难判断它与临界总损失分析和临界净损失分析之间的联系。

（5）虽然临界损失分析单一价格上涨方式下的临界值一般大于统一价格上涨方式下的相应临界值，但是由于它们的实际值之间也可能存在类似的关系，所以通常很难判断两种价格上涨方式之间的联系。不过，在"将会获利"版下，单一价格上涨方式下界定出的相关市场一般窄于统一价格上涨方式下界定出的相关市场。

到目前为止，我们可以从宏观上大致了解各种方法之间的联系，以及它们的内部联系。由于许多相关市场的判断条件依赖于需求函数的具体设定，所以为了建立假定垄断者测试及其执行方法的一个完整框架，第二节和第三节将详细考察线性需求系统和不变弹性需求系统下，假定垄断者测试及其执行方法不同情景之间的具体联系。

第二节　需求函数形式为线性

本节和第三节将通过一个假想的企业并购案例，分别考察线性和不变弹性需求系统下，假定垄断者测试及其执行方法不同情景下界定出的相关市场的宽窄。下面先考察线性需求系统下的这些方法之间的具体联系。

一　基本设定

假设某地区企业 A 和企业 B 打算合并，企业 A 和企业 B 的主要产品分别为产品 1 和产品 2。该地区除了这两种产品之外，还有许多对产品 1 和产品 2 具有一定替代性的其他产品。为了简化分析，将这些产品统称为产品 O。假设需求系统为线性，具体形式如下：

$$\begin{cases} q_1 = \alpha_0 + \alpha_1 p_1 + \alpha_2 p_2 + \theta p_O \\ q_2 = \beta_0 + \beta_1 p_1 - \beta_2 p_2 + \lambda p_O \end{cases}$$

假设产品 1 和产品 2 的成本函数如下：

$$\begin{cases} C_1 = F_1 + c_1 q_1 \\ C_2 = F_2 + c_2 q_2 \end{cases}$$

另外，假设某种产品的价格变动对产品本身的影响要大于对其替代品的影响，即 $\alpha_1 > \beta_1$，$\beta_2 > \alpha_2$，同时假设某种产品的需求量受其自身价格变动的影响要大于受其替代品价格变动的影响，即 $\alpha_1 > \alpha_2$，$\beta_2 > \beta_1$。

二 假定垄断者测试的内部联系

本小节将考察在线性需求系统下假定垄断者测试不同版本之间的具体联系。为了不失一般性，假设假定垄断者测试以产品1为起点，产品2是产品1的紧密替代品。

（一）"可以获利"版

根据基本设定，得到价格上涨前假定垄断者的利润：

$$\pi = (\alpha_0 - \alpha_1 p_1 + \alpha_2 p_2 + \theta p_O)(p_1 - c_1) - F_1 \qquad (3-13)$$

当假定垄断者将产品1的价格提高 $t\%$ 后，假定垄断者的利润变为：

$$\pi' = [\alpha_0 - \alpha_1(1+t)p_1 + \alpha_2 p_2 + \theta p_O][(1+t)p_1 - c_1] - F_1 \qquad (3-14)$$

依据假定垄断者测试的思想，得到产品1构成相关市场的条件：

$$\frac{q_1}{p_1} > (t + m_1)\alpha_1 \qquad (3-15)$$

其中，$m_1 = (p_1 - c_1)/p_1$。

如果（3-15）式不成立，那么将产品2纳入备选市场①，此时备选市场有产品1和产品2两种产品。假定垄断者有三种提高产品价格的方式：①将产品1的价格提高 $t\%$；②将产品1和产品2的价格同时提

---

① 为了简化分析，这里假设市场上只有两种产品1和产品2。在这种情况下，只要产品1不能构成相关市场，那么相关市场自然包括产品1和产品2。但是，为了使本小节的分析更具一般性，这里继续进行假定垄断者测试。其他方法与之类似。

高 $t\%$；③同时提高产品 1 和产品 2 的价格，但是提价幅度不同。由于目前学界主要争论前两种情形，而第 3 种情形又比较复杂，所以下面将主要考察前两种情形下的假定垄断者测试。

1. 单一价格上涨方式

当备选市场上有两种产品时，价格上涨前假定垄断者的利润为：

$$\pi = (\alpha_0 - \alpha_1 p_1 + \alpha_2 p_2 + \theta p_O)(p_1 - c_1) - F_1 + (\beta_0 + \beta_1 p_1 - \beta_2 p_2 + \lambda p_O)(p_2 - c_2) - F_2 \quad (3-16)$$

当假定垄断者将产品 1 的价格提高 $t\%$ 后，其利润变为：

$$\dot\pi^s = [\alpha_0 - \alpha_1(1+t)p_1 + \alpha_2 p_2 + \theta p_O][(1+t)p_1 - c_1] - F_1 + [\beta_0 + \beta_1(1+t)p_1 - \beta_2 p_2 + \lambda p_O](p_2 - c_2) - F_2 \quad (3-17)$$

对比（3-16）式和（3-17）式，得到假定垄断者可以通过提高产品 1 价格而获利的条件：

$$\frac{q_1}{p_1} > (t + m_1)\alpha_1 - \frac{p_2}{p_1} m_2 \beta_1 \quad (3-18)$$

其中，$m_2 = (p_2 - c_2)/p_2$。

由于假设产品 1 和产品 2 互为替代品，所以 $\beta_1 > 0$，而产品价格和毛利润率一般都是正数。因此，（3-18）式大于号右边第二项为正数。对比（3-15）式和（3-18）式，我们发现，只要（3-15）式成立，（3-18）式也肯定成立，这意味着只要产品 1 可以单独构成相关市场，那么产品 1 和产品 2 也将构成相关市场。

为了避免界定过宽的相关市场，同时保证相关市场的唯一性，各国反垄断法均规定，通过假定垄断者测试的最小市场为相关市场。因此，我们需要给（3-18）式添加一个限制条件。由于产品 1 不能单独构成

相关市场,所以(3-15)式一定不成立。综合以上分析,得到单一价格上涨方式下产品1和产品2构成相关市场的条件:

$$(t+m_1)\alpha_1 - \frac{p_2}{p_1}m_2\beta_1 < \frac{q_1}{p_1} \leq (t+m_1)\alpha_1 \quad (3-19)$$

如果产品1和产品2是对称的,那么上式变为:

$$(t+m)\alpha_1 - m\alpha_2 < \frac{q_1}{p_1} < (t+m)\alpha_1 \quad (3-20)$$

从(3-15)式、(3-19)式和(3-20)式可以看出,在价格上涨率(一般为5%~10%)给定的情况下,如果产品需求系统可以被准确地估计出来,并且可以获取产品的毛利润率,那么在具体案例中执法人员和有关各方就很容易验证上述的相关市场条件是否成立。

2. 统一价格上涨方式

当产品1和产品2的价格同时上涨$t\%$后,假定垄断者的利润变为:

$$\pi^u = [\alpha_0 - \alpha_1(1+t)p_1 + \alpha_2(1+t)p_2 + \theta p_O][(1+t)p_1 - c_1] -$$
$$F_1 + [\beta_0 + \beta_1(1+t)p_1 - \beta_2(1+t)p_2 + \lambda p_O][(1+t)p_2 - c_2] - F_2$$
$$(3-21)$$

依据假定垄断者测试的思想,并结合(3-16)式,得到产品1和产品2构成相关市场的条件:

$$(t+m_1)\alpha_1 - \frac{p_2}{p_1}m_2\beta_1 - \varphi < \frac{q_1}{p_1} \leq (t+m_1)\alpha_1 \quad (3-22)$$

其中,$\varphi = \frac{p_2}{p_1}\left[t\beta_1 + \frac{q_2}{p_1} - (m_2+t)\beta_2\frac{p_2}{p_1} + (m_1+t)\alpha_2\right]$。

如果产品1和产品2是对称的,(3-22)式变为:

$$(m+t)(\alpha_1-\alpha_2) < \frac{q_1}{p_1} \leq (t+m)\alpha_1 \qquad (3-23)$$

对比（3-19）式和（3-22）式，我们发现：①当 $\varphi>0$ 时，（3-22）式比（3-19）式更容易得到满足，这意味着在其他条件相同的情况下，统一价格上涨方式下的相关市场比单一价格上涨方式下的相关市场要窄；②当 $\varphi=0$ 时，两种情形下的相关市场是相同的；③当 $\varphi<0$ 时，与 $\varphi>0$ 时相反，统一价格上涨方式下的相关市场要宽于单一价格上涨方式下的相关市场。

对比（3-20）式和（3-23）式，我们发现：由于假设产品之间互为替代品，所以 $\alpha_2>0$，而价格上涨率 $t>0$，这样，只要（3-20）式成立，（3-23）式肯定成立，反之则不然。这意味着在对称的条件下，统一价格上涨方式下的相关市场比单一价格上涨方式下的相关市场可能要窄。理由是，在统一价格上涨方式下，假定垄断者面临的需求弹性相对较小，使得假定垄断者涨价的净损失要小于单一价格上涨方式下的净损失。在本例中，如果假定垄断者只提高产品1的价格，那么产品1的部分消费者会转向产品2；如果假定垄断者同时将产品1和产品2的价格提高相同比例，那么此时产品1和产品2的大部分消费者可能会选择留下来，或者发生备选市场的内部转移。① 也就是说，假定垄断者统一价格上涨方式下所面临的需求弹性一般小于单一价格上涨方式下所面临的需求弹性。

（二）"将会获利"版

"将会获利"版的核心思想是考察在给定的价格增长幅度（$t\%$）

---

① 当然，如果备选市场外的其他产品O对产品1和产品2的替代性足够大，那么当产品1和产品2的价格同时上涨某一幅度时，也可能发生产品1和产品2的消费者集体叛逃到其他产品O的情形。至于哪种情形更可能发生，这是一个实证问题。

下,假定垄断者是否实现了利润最大化。或者说,它判断最优价格增长率是否超过了给定的价格增长率。因此,我们首先需要求出假定垄断者取得利润最大化时的价格,即最优价格。

当备选市场上只有产品1时,在产品2和其他产品O的价格保持不变的前提下,得到利润最大化的一阶条件:

$$\frac{\partial \pi}{\partial p_1} = \frac{\partial q_1}{\partial p_1}(p_1 - c_1) + q_1 = -\alpha_1(p_1 - c_1) + \alpha_0 - \alpha_1 p_1 + \alpha_2 p_2 + \lambda p_O = 0$$

求解上述一阶条件,得到最优价格和最优销量:

$$p_1^* = \frac{\mu_0 + \alpha_1 c_1 + \alpha_2 p_2}{2\alpha_1} \qquad q_1^* = \frac{\alpha_0 + \alpha_2 p_2 + \theta p_O - \alpha_1 c_1}{2} \qquad (3-24)$$

其中,$\mu_0 = \alpha_0 + \theta p_O$。

依据"将会获利"版的思想,得到产品1构成相关市场的条件:

$$\frac{q_1}{p_1} > (2t + m_1)\alpha_1 \qquad (3-25)$$

如果(3-25)式不成立,那么需要将产品2纳入备选市场,此时假定垄断者的利润函数变为(3-16)式。依据"将会获利"版的思想,此时我们需要求出假定垄断者取得利润最大化时产品1和产品2的最优价格。在其他产品O的价格保持不变的前提下,得到利润最大化的一阶条件:

$$\begin{cases} -\alpha_1(p_1 - c_1) + q_1 + (p_2 - c_2)\beta_1 = 0 \\ -\beta_2(p_2 - c_2) + q_2 + (p_1 - c_1)\alpha_2 = 0 \end{cases}$$

将产品1和产品2的需求函数代入上述方程组,解得最优价格和最优销量如下:

$$\begin{cases} \dot{p}_1^* = \dfrac{(\beta_1+\alpha_2)v+2\beta_2 u}{(\beta_1+\alpha_2)^2-4\beta_2\alpha_1} \\ \dot{p}_2^* = \dfrac{(\beta_1+\alpha_2)u+2\alpha_1 v}{(\beta_1+\alpha_2)^2-4\beta_2\alpha_1} \end{cases} \quad \begin{cases} \dot{q}_1^* = \mu_0 + \dfrac{(\alpha_2^2+\alpha_2\beta_1-2\alpha_1\beta_2)u+(\alpha_2-\beta_1)\alpha_1 v}{(\beta_1+\alpha_2)^2-4\alpha_1\beta_2} \\ \dot{q}_2^* = \tau_0 + \dfrac{(\beta_1^2+\alpha_2\beta_1-2\alpha_1\beta_2)v+(\beta_1-\alpha_2)\beta_2 u}{(\beta_1+\alpha_2)^2-4\alpha_1\beta_2} \end{cases}$$

$$(3-26)$$

其中，$u = c_2\beta_1 - c_1\alpha_1 - \mu_0$，$v = c_1\alpha_2 - c_2\beta_2 - \tau_0$，$\tau_0 = \beta_0 + \lambda p_0$。

虽然"将会获利"版考察的是最优价格增长率与给定价格变化率之间的关系，但是当备选市场上有一种以上产品时，仍需要细分单一价格上涨与统一价格上涨两种情景。不过，与"可以获利"版不同的是，这里的价格上涨是从当前价格到最优价格的价格上涨，而不是在当前价格的基础上提高某一给定比例。单一价格上涨是指一种产品的最优价格增长率大于或等于给定的价格增长率，统一价格上涨是指备选市场上所有产品的最优价格增长率均大于或等于给定的价格增长率。下面将分别考察这两种情景。

1. 单一价格上涨方式

依据"将会获利"版的思想，得到产品1的最优价格增长率大于或等于给定的价格增长率$t\%$的条件：

$$\frac{q_1}{p_1} > \frac{1}{2\beta_2}\left[(\alpha_2-\beta_1)\beta_2 m_2 \frac{p_2}{p_1} + \gamma m_1 - (\beta_1+\alpha_2)\frac{q_2}{p_1} + t\chi\right] \quad (3-27)$$

其中，$\gamma = 2\beta_2\alpha_1 - (\beta_1+\alpha_2)\alpha_2$，$\chi = 4\beta_2\alpha_1 - (\beta_1+\alpha_2)^2$。

由于产品1不能单独构成一个相关市场，所以（3-25）式不成立，结合（3-27）式，得到产品1和产品2构成相关市场的条件：

$$\frac{1}{2\beta_2}\left[(\alpha_2-\beta_1)\beta_2 m_2 \frac{p_2}{p_1}\gamma m_1 - (\beta_1+\alpha_2)\frac{q_2}{p_1} + t\chi\right] < \frac{q_1}{p_1} \leq (2t + m_1)\alpha_1$$

$$(3-28)$$

2. 统一价格上涨方式

依据"将会获利"版的思想,得到统一价格上涨条件下,产品 1 和产品 2 构成相关市场的条件:

$$\max\left\{\begin{array}{l}\dfrac{1}{2\beta_2}\left[(\alpha_2-\beta_1)\beta_2 m_2 \dfrac{p_2}{p_1}\gamma m_1 - (\beta_1+\alpha_2)\dfrac{q_2}{p_1}+t\chi\right]\\ \dfrac{1}{\beta_1+\alpha_2}\left[\varphi m_2 \dfrac{p_2}{p_1}+(\beta_1-\alpha_2)m_1-2\alpha_1 \dfrac{q_2}{p_1}+t\chi\dfrac{p_2}{p_1}\right]\end{array}\right\} < \dfrac{q_1}{p_1} \leqslant (2t+m_1)\alpha_1$$

$$(3-29)$$

如果产品 1 和产品 2 是对称的,那么(3-29)式中最大值函数内的两个表达式均简化为(3-25)式。这意味着在对称的条件下,一种产品构成相关市场的条件与两种对称产品构成相关市场的条件相同。换句话说,如果单个产品不能单独构成相关市场时,纳入与其对称的紧密替代品后的备选市场也不能构成相关市场。理由是:当每个产品均可达到利润最大化时,拥有这些产品的假定垄断者才取得最大化利润;如果单个产品的最优价格与当前价格相比没有显著上涨,那么两种对称产品的最优价格与当前价格相比也不会有显著上涨。注意,这一点与"可以获利"版是不同的。

(三)两种版本之间的联系

当备选市场上只有产品 1 时,对比(3-15)式和(3-25)式,我们发现:(3-15)式比(3-25)式更容易得到满足,也就是说,"将会获利"版下的相关市场条件比"可以获利"版下的相应条件严格。

从图 3-1 可以看出:①当 $q_1/p_1 < \alpha_1(m_1+t)$ 时,两种情形下产品 1 均不构成相关市场;②当 $\alpha_1(m_1+t) < q_1/p_1 \leqslant \alpha_1(m_1+2t)$ 时,根据

"可以获利"版的相关市场判断条件，产品1构成相关市场，而根据"将会获利"版的相关市场判断条件，产品1不能构成相关市场；③当$q_1/p_1 > \alpha_1(m_1 + 2t)$时，两种情形下产品1均构成相关市场。

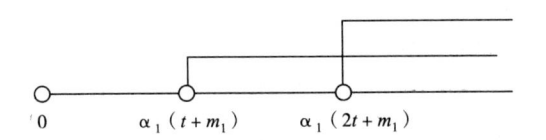

图3-1 假定垄断者测试两种情形之间的联系

当备选市场上有产品1和产品2两种产品时，由于"将会获利"版的相关市场条件包含的参数较多，比较复杂，一般很难直接将它们与"可以获利"版的相应条件进行对比。

（四）小结

本小节考察了线性需求系统下，假定垄断者测试不同版本之间的联系，以及每一版本下不同价格上涨方式之间的联系。研究发现：

第一，当备选市场上只有一种产品时，与"将会获利"版的相关市场条件相比，"可以获利"版下的相关市场条件相对宽松。也就是说，在"将会获利"版下，该产品可能不构成相关市场，而在"可以获利"版下，它则可能构成相关市场。当备选市场上有一种以上产品时，"将会获利"版的相关市场参数较多，一般很难判断假定垄断者测试两个版本之间的联系。

第二，在"可以获利"版下，如果备选市场上的产品是对称的，那么统一价格上涨方式下界定出的相关市场比单一价格上涨方式下界定出的相关市场可能要窄，因为在统一价格上涨方式下，假定垄断者面临的需求弹性相对较小。

第三，在"将会获利"版下，如果备选市场上的产品是对称的，那么单一价格上涨方式与统一价格上涨方式的相关市场条件是相同的。也就是说，如果单个产品不能单独构成相关市场时，纳入与其对称的紧密替代品后的备选市场也不能构成相关市场。

第四，在非对称的条件下，由于两种版本下的相关市场条件包含参数较多，表达式比较复杂，通常很难弄清楚不同版本下同一价格上涨方式之间的联系。

到目前为止，我们一直以产品1为起点进行假定垄断者测试。如果产品1和产品2的替代性是非对称的，比如产品2是产品1的紧密替代品，而产品1不是产品2的紧密替代品，那么起点的不同选择可能会产生不同的相关市场。比如，以产品1为起点，相关市场为产品1市场；以产品2为起点，相关市场为产品2市场。①

三 临界损失分析和转移率分析之间的联系

在线性需求系统下，临界损失分析和临界弹性分析基本上是相同的。② 为了避免重复，本小节只考察临界损失分析和转移率分析之间的联系。为了方便与假定垄断者测试比较，各种临界分析方法仍然以产品1为起点，同时假设产品2是产品1的紧密替代品。

第一节已经表明，各种临界分析方法的约束条件是相同的，它们之间的主要区别在于所考察的指标不同，比如，临界损失分析关注的是损

---

① 为了简化分析，这里假设市场上只有两种产品。在这种情况下，即使产品1和产品2是非对称的，只要它们不能单独构成相关市场，那么不管以产品1或产品2为起点进行假定垄断者测试，最终都会得到相同的相关市场：产品1和产品2。但是，实践中，由于市场上的产品较多，且它们之间的替代顺序可能是不对称的，此时假定垄断者测试的起点选择就非常重要。不同的起点可能会产生不同的相关市场。

② "利润不变"情形下，二者完全相同；"利润最大化"情形下，二者有一定的区别。

失变化,而转移率分析关注的是转移率变化。因此,我们首先从它们的约束条件入手,推导出临界值,然后依据需求系统求出它们的实际值,最后通过比较它们的相关市场条件,得到它们之间的联系。

(一)"利润不变"版

当产品 1 的价格上涨 $t\%$ 时,假定垄断者要维持其利润不变,其利润函数必须满足:

$$q_1(p_1 - c_1) = (q_1 - \Delta q_1^c)[(1+t)p_1 - c_1]$$

将上式化简,得到临界损失:

$$CL = \frac{\Delta q_1^c}{q_1} = \frac{t}{t + m_1} \qquad (3-30)$$

当备选市场上只有 1 种产品时,不存在备选市场上产品之间的内部转移问题,所以此时转移率分析不适用。

根据需求系统,求得实际损失如下:

$$AL = \alpha_1 t (p_1/q_1) \qquad (3-31)$$

根据临界损失分析的思想,得到产品 1 构成相关市场的条件:

$$CL > AL \Rightarrow q_1/p_1 > \alpha_1 (t + m_1) \qquad (3-32)$$

如果产品 1 的当前销量价格比不能满足(3-32)式,那么我们需要将产品 2 纳入备选市场,像假定垄断者测试一样,此时也有两种价格上涨方式:单一价格上涨和统一价格上涨。下面将分别考察这两种价格上涨方式下,临界损失分析和转移率之间的联系。

1. 单一价格上涨方式

假设假定垄断者将产品 1 的价格提高 $t\%$,如果它要维持价格上涨

前后的利润不变,那么它的利润函数必须满足:

$$q_1 (p_1 - c_1) + q_2 (p_2 - c_2) = (q_1 - \Delta q_1^c) [(1+t) p_1 - c_1] + (q_2 + \Delta q_2^c) (p_2 - c_2) \qquad (3-33)$$

求解上式,得到临界损失:

$$CL^s = \frac{\Delta q_1^c}{q_1} = \frac{t}{t + m_1 - d_{21}^c m_2 (p_2/p_1)} \qquad (3-34)$$

注意,临界损失公式中从产品 1 到产品 2 的转移率 d_{21}^c 是假定垄断者维持利润不变的转移率,而不是实际转移率。目前大部分学者在这一点上都是错误的,有的学者没有意识到这个问题,有的学者则在推导有关公式的过程中暗含一个假设,即维持利润不变的转移率即为实际转移率。如果没有这个假设,那么临界损失将无法计算,进而临界损失分析失效。但是,如果现实不满足该假设,那么临界损失分析可能会得出错误的结论。如果实际操作中,假设维持利润不变的转移率与实际转移率相等,此时,临界损失变为:

$$CL^s = \frac{\Delta q_1^c}{q_1} = \frac{t}{t + m_1 - d_{21} m_2 (p_2/p_1)} \qquad (3-35)$$

按照推导临界损失的思路,同样求解(3-33)式,得到转移率:

$$CD^s = \frac{\Delta q_2^c}{\Delta q_1^c} = \frac{t + m_1 - t (q_1 \Delta q_1^c)}{m_2 (p_2 p_1)} \qquad (3-36)$$

注意,(3-36)式中 Δq_1^c 也是未知的。同样,为了使该式具有可操作性,假设假定垄断者维持利润不变时的产品 1 的销量损失与实际损失相等。此时,临界转移率变为:

$$CD^s = \frac{\Delta q_2^c}{\Delta q_1^c} = \frac{t + m_1 - t (q_1/\Delta q_1)}{m_2 (p_2/p_1)} \qquad (3-37)$$

依据需求系统，分别求得实际损失和实际转移率如下：

$$AL^s = \alpha_1 t \, (p_1/q_1) \tag{3-38}$$

$$AD^s = \beta_1/\alpha_1 \tag{3-39}$$

根据临界分析方法的思想，得到一个非常有趣的结论：尽管它们考察的对象不同，但是临界损失分析和转移率分析会得出完全相同的相关市场条件：

$$\alpha_1 \, (t+m_1) - \beta_1 m_2 \, (p_2/p_1) < q_1/p_1 \leq \alpha_1 \, (t+m_1) \tag{3-40}$$

其实，原因很简单：在推导临界损失公式时，假设临界转移率等于实际转移率，而在推导临界转移率时，假设临界损失等于实际损失，这使得两个公式在实际操作中是等价的。在现实中，这些假设条件如果不能得到满足，那么上述结论则不一定成立。

如果产品1和产品2是对称的，那么（3-40）式变为：

$$\alpha_1 \, (t+m) - \alpha_2 m < q_1/p_1 \leq \alpha_1 \, (t+m) \tag{3-41}$$

2. 统一价格上涨方式

假设假定垄断者将产品1和产品2的价格同时提高 $t\%$，如果它要维持价格上涨前后的利润不变，那么它的利润函数必须满足：

$$q_1 \, (p_1 - c_1) + q_2 \, (p_2 - c_2) = (q_1 - \Delta q_1^c) \, [\, (1+t) \, p_1 - c_1 \,] +$$
$$(q_2 + \Delta q_2^c) \, [\, (1+t) \, p_2 - c_2 \,] \tag{3-42}$$

求解（3-42）式，并假设维持利润不变的转移率①与实际转移率相等，得到临界损失：

---

① 由于产品1和产品2同时上涨相同幅度，此时可能会发生双向转移，所以这里的转移率为净转移率概念，即产品1到产品2的净转移率。注意，由于是净转移率，所以它可能为负数。

$$CL^u = \frac{\Delta q_1^c}{q_1} = \frac{t}{s[t + m_1 - d_{21}(m_2 + t)(p_2/p_1)]} \quad (3-43)$$

其中，s 为产品 1 的当前收入份额。

与单一价格上涨方式一样，按照推导临界损失的思路，求解 (3-42) 式，并假设维持利润不变时产品 1 的销量损失与实际损失相等，得到临界转移率：

$$CD^u = \frac{\Delta q_2^c}{\Delta q_1^c} = \frac{(m_1 + t) - (t/s)(q_1/\Delta q_1)}{(m_2 + t)(p_2/p_1)} \quad (3-44)$$

依据需求系统，分别求得实际损失和实际转移率如下：

$$AL^u = |\alpha_1 p_1 - \alpha_2 p_2| t / q_1 \quad (3-45)$$

$$AD^u = |\beta_2 p_2 - \beta_1 p_1| / |\alpha_1 p_1 - \alpha_2 p_2| \quad (3-46)$$

与单一价格上涨方式一样，临界损失分析和转移率分析的相关市场条件完全相同：

$$s(m_1 + t)|\alpha_1 - (p_2/p_1)\alpha_2| - s(m_2 + t)(p_2/p_1)|\beta_1 - (p_2/p_1)\beta_2| < q_1/p_1 \leq \alpha_1(t + m_1) \quad (3-47)$$

如果产品 1 和产品 2 是对称的，那么 (3-47) 式变为：

$$0 < q_1/p_1 \leq \alpha_1(t + m_1) \quad (3-48)$$

3. 两种价格上涨方式之间的联系

在对称的条件下，对比 (3-41) 式和 (3-48) 式，我们发现：假设 $\alpha_1 > \alpha_2$，所以 $\alpha_1(m + t) - \alpha_2 m > 0$，也就是说，(3-41) 式比 (3-48) 式更难得到满足，这意味着单一价格上涨方式下的相关市场可能要比统一价格上涨方式下的相关市场要宽。

从图 3-2 可以看出：①当 $0 < q_1/p_1 \leq \alpha_1(m + t) - \alpha_2 m$ 时，在

单一价格上涨方式下，产品 1 和产品 2 不构成相关市场，而在统一价格上涨方式下，它们则构成相关市场；②当 $\alpha_1(m+t) - \alpha_2 m < q_1/p_1 \leq \alpha_1(m+t)$ 时，两种价格上涨方式下产品 1 和产品 2 均构成相关市场。

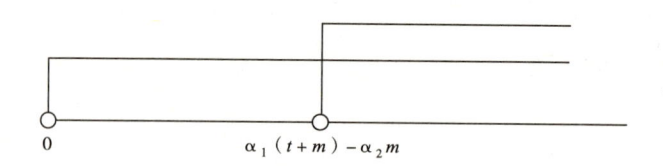

图 3-2 "利润不变"版本下两种价格上涨方式之间的联系

在非对称条件下，它们的相关市场条件比较复杂，它们之间的具体联系只能放到具体的案例中去考察。

（二）"利润最大化"版

当备选市场上只有一种产品（比如产品 1）时，利用（3-24）式求出的最优销量，依据"利润最大化"版的思想，得到临界损失：

$$CL^w = \frac{|q_1^* - q_1|}{q_1} = \frac{1}{2} - \frac{\alpha_1 m_1}{2q_1/p_1} \qquad (3-49)$$

依据临界损失分析的思想，结合（3-31）式中求得的实际损失，得到产品 1 构成相关市场的条件：

$$q_1/p_1 > \alpha_1(m_1 + 2t) \qquad (3-50)$$

如果产品 1 的当前销量价格比不能满足（3-50）式，那么需要将产品 2 纳入备选市场。像假定垄断者测试的"将会获利"版一样，此时假定垄断者有单一价格上涨和统一价格上涨两种价格上涨方式。

1. 单一价格上涨方式

利用（3-26）式求出的产品 1 和产品 2 的最优销量，依据"利润

最大化"版的思想,得到单一价格上涨方式下的临界损失和临界转移率:

$$CL^w = \frac{-(\dot{q}_1^* - q_1)}{q_1} = \frac{ku + (\alpha_2 - \beta_1)\ \alpha_1 v + (\alpha_1 p_1 - \alpha_2 p_2)\ l}{q_1 l} \quad (3-51)$$

$$CD^w = \frac{-(\dot{q}_2^* - q_2)}{-(\dot{q}_1^* - q_1)} = \frac{hv - (\alpha_2 - \beta_1)\ \beta_2 u - (\beta_1 p_1 - \beta_2 p_2)\ l}{ku + (\alpha_2 - \beta_1)\ \alpha_1 v + (\alpha_1 p_1 - \alpha_2 p_2)\ l} \quad (3-52)$$

其中,$k = \alpha_2(\alpha_2 + \beta_1) - 2\alpha_1\beta_2$,$h = \beta_1(\alpha_2 + \beta_1) - 2\alpha_1\beta_2$,$l = (\alpha_2 + \beta_1)^2 - 4\alpha_1\beta_2$。

注意,由于实际损失是指价格上涨给定的幅度后假定垄断者实际所遭受的销量损失,所以它只与需求函数有关,而与临界损失分析所采用的情形无关。因此,"利润最大化"版下的实际损失仍为(3-31)式。

根据临界损失分析的思想,得到产品1和产品2构成相关市场的条件①:

$$CL^w > AL^{ws} \Rightarrow \frac{\dot{p}_1^* - p_1}{p_1} - t > \frac{\dot{p}_2^* - p_2}{p_2}\frac{\alpha_2 p_2}{\alpha_1 p_1} \quad (3-53)$$

从(3-53)式可以看出:①理论上,一个理性的假定垄断者不可能将其产品价格提高到最优价格水平之上,也就是说,产品1的最优价格增长率一般不小于给定的价格增长率,这样,(3-53)式要得到满足,产品2的最优价格一定要不小于当前价格。注意,这只是必要条件。只有产品1的最优价格增长率超过给定的价格增长率一定程度[(3-53)式大于号右边的表达式]后,产品1和产品2才能构成相关

---

① 为了表述方便,本小节省略了产品1不构成相关市场应满足的条件,即 $q_1/p_1 \leq \alpha_1(m_1 + 2t)$。

市场。②实践中，假定垄断者可能在短期内将产品1的价格提高到最优价格水平之上，此时只要产品2的最优价格增长率是负的且足够小，那么（3-53）式仍然可能得以满足，产品1和产品2仍然可能构成相关市场。

如果产品1的价格上涨 $t\%$ 后，其价格恰好达到最优价格水平，那么（3-53）式变为：

$$\dot{p}_2^* < p_2 \qquad (3-54)$$

这里得到一个非常有意思的结论：如果给定的价格增长率等于最优价格增长率，那么只有产品2的最优价格水平低于当前价格水平，也就是说，在产品1价格上涨到最优价格的同时，产品2的价格要降低，产品1和产品2才能构成相关市场。

如果产品1和产品2是对称的，那么（3-53）式将变为：

$$\frac{\dot{p}_1^* - p_1}{p_1} > \frac{\alpha_1}{\alpha_1 - \alpha_2} t \qquad (3-55)$$

由于假设 $\alpha_1 > \alpha_2$，所以（3-55）式中的最优价格增长率一定大于给定的价格增长率。

接下来考察转移率分析。根据需求系统，得到实际转移率：

$$AD^{ws} = \beta_1 / \alpha_1 \qquad (3-56)$$

依据临界转移率分析的思想，我们得到产品1和产品2构成相关市场的条件：

$$CD^w < AD^{ws} \Rightarrow (\dot{p}_1^* - p_1) / (\dot{p}_2^* - p_2) > (\alpha_1 \beta_2 + \alpha_2 \beta_1) / (2 \alpha_1 \beta_1)$$

$$(3-57)$$

注意，(3-57)式中并没有给定的价格增长率 $t\%$，也就是说，如果采用"利润最大化"版的转移率分析来界定相关市场，那么相关市场的宽窄只与需求系统的参数有关，而与给定的价格增长率没有关系。这一点既与"利润不变"版下的转移率分析不同，也与两种情形下的临界损失分析不同。

如果产品1的价格上涨 $t\%$ 后，其价格恰好达到最优价格水平，那么（3-57）式将变为：

$$\frac{\dot{p}_2^* - p_2}{p_2} < \frac{2\alpha_1\beta_1 p_1 t}{(\alpha_1\beta_2 + \alpha_2\beta_1) p_2} \qquad (3-58)$$

将（3-58）式与（3-53）式进行对比，我们发现，（3-53）式是（3-58）式的充分非必要条件。这意味着当产品1的最优价格增长率等于给定的价格增长率时，采用转移率分析界定的相关市场可能比采用临界损失分析界定的相关市场要窄些。

如果产品1和产品2是对称的，那么（3-57）式中大于号将变为等号，也就是说，（3-57）式得不到满足，产品1和产品2不能构成相关市场。这意味着如果某种产品不能构成相关市场，那么将与其对称的紧密替代品纳入进来后的备选市场仍不能构成相关市场。这一点与临界损失分析不同。

2. 统一价格上涨方式

与"利润不变"版一样，"利润最大化"版下两种价格上涨方式下的临界值是相同的，而实际值是不同的。但是，两种版本的同一种价格上涨方式下的实际损失是相同的。根据临界损失分析的思想，以及（3-51）式和（3-45）式，得到产品1和产品2构成相关市场的条件：

$$CL^w > AL^w \Rightarrow p_1/p_2 < \dot{p}_1^* / \dot{p}_2^* \qquad (3-59)$$

从（3-59）式可以看出：①如果产品1和产品2的当前价格均未达到最优水平，那么产品1和产品2的价格上涨后，只要它们的最优价格比大于它们的当前价格比，那么依据临界损失分析，产品1和产品2将构成相关市场；②如果产品1和产品2的当前价格已经达到或超过最优水平，那么产品1和产品2的价格下降后或保持不变，只要它们的最优价格比大于它们的当前价格比，那么依据临界损失分析，产品1和产品2依然可以构成相关市场。但是，这种情形在长期是不存在的，因为理性的假定垄断者不可能长期将其产品价格保持在最优价格水平之上。不过，短期内该种情形还是可能存在的。

根据转移率分析的思想，以及（3-52）式和（3-46）式，得到产品1和产品2构成相关市场的条件：

$$CD^w < AD^w \Rightarrow \frac{\dot{p}_1^* - p_1}{\dot{p}_2^* - p_2} > \frac{(p_1/p_2)\beta_1(\alpha_1-\alpha_2)+\alpha_2(\beta_2-\beta_1)}{(\alpha_1\beta_2-\alpha_2\beta_1)(p_2/p_1)} \quad (3-60)$$

与临界损失分析相比，转移率分析的相关市场条件较为复杂。表面上很难判断它们之间的联系。只有在具体案例中，人们才能搞清楚它们之间的具体联系。

如果产品1和产品2是对称的，那么（3-59）式和（3-60）式中的不等号将变成等号。与假定垄断者测试一样，这些都表明，如果一种产品不能构成相关市场，那么将其对称的紧密替代品纳入进来后的备选市场仍不能构成相关市场。

3. 两种价格上涨方式之间的联系

对比（3-53）式、（3-55）式和（3-59）式，我们发现，临界损失分析两种价格上涨方式存在如下区别与联系：

（1）单一价格上涨方式下的相关市场条件依赖于给定的价格增长率，

而统一价格上涨方式下的相关市场条件则独立于给定的价格增长率；

（2）在对称的条件下，单一价格上涨方式下，如果产品 1 不构成相关市场，那么产品 1 和产品 2 在满足一定的条件下仍可能构成相关市场，而统一价格上涨方式下，如果产品 1 不构成相关市场，那么产品 1 和产品 2 也不能构成相关市场；

（3）当产品 1 的价格上涨 $t\%$ 后，其价格恰好达到最优价格水平时，如果产品 1 当前的价格水平低于最优价格水平，那么单一价格上涨方式下的相关市场条件是统一价格上涨方式下的相关市场条件的充分非必要条件。如果产品 1 当前的价格水平不低于最优价格水平，那么两种情形下的相关市场条件没有必然的联系。

对比（3-57）式、（3-58）式和（3-60）式，我们发现，转移率分析两种价格上涨方式存在如下区别与联系：①两种情形下的相关市场条件均不依赖于给定的价格增长率；②在对称的条件下，两种情形的结论相同，即如果产品 1 不构成相关市场，那么产品 1 和产品 2 也不能构成相关市场。

（三）两种版本之间的联系

当备选市场上只有一种产品时，临界损失分析两种版本之间的联系，与假定垄断者测试两种版本之间的联系相同，这里不再赘述。

当备选市场上有两种产品时，由于两种版本下临界损失分析和临界转移率的多数相关市场条件比较复杂，一般很难判断它们之间的联系。

四 临界损失分析的内部联系

在前面考察临界损失分析和转移率分析之间的联系时，我们已经分析了临界损失分析各种情景下的相关市场条件。为了避免重复,本小节将主要介绍临界净损失分析和临界损失额分析,并考察它们与临界损失分析之间的联系。

当备选市场上只有一种产品时,备选市场上不存在产品之间的内部转移问题,此时三种临界损失分析的实质是相同的。虽然它们具体考察的指标不同,但最终会得到相同的结论。因此,下面将主要考察备选市场上有多种产品时,各种临界损失分析之间的联系。

为了简化分析,假设产品 1 不构成相关市场,我们来分析备选市场上有产品 1 和产品 2 两种产品时,临界净损失分析和临界损失额分析各种情景下的相关市场条件,以及它们与临界总损失分析的相应条件之间的联系。

(一)"利润不变"版

1. 单一价格上涨方式

假设假定垄断者将产品 1 的价格提高 $t\%$,并假设维持利润不变的转移率与实际转移率相等,从(3-33)式可以推导出临界净损失如下:

$$CL_{net}^{cs} = \frac{\Delta q_1^c - \Delta q_2^c}{q_1} = \frac{(1-d_{21})\,t}{t+m_1-d_{21}m_2\,(p_2/p_1)} = (1-d_{21})\,CL^s \quad (3-61)$$

根据需求系统,得到实际净损失:

$$AL_{net}^{cs} = \frac{\Delta q_1 \Delta q_2}{q_1} = \frac{(1-d_{21})\,\Delta q_1}{q_1} = (1-d_{21})\,AL^s \quad (3-62)$$

对比(3-35)式和(3-61)式、(3-38)式和(3-62)式,我们发现,临界净损失和实际净损失分别等于临界损失和实际损失与 $(1-d_{21})$ 的乘积,这意味着"利润不变"版的单一价格上涨方式下,临界净损失与临界损失的实质是相同的,即它们会界定出相同的相关市场。

接着来考察临界损失额分析。类似的,从(3-33)式推导出临界损失额如下:

$$CL_{sale}^{s} = \frac{|p_1 \Delta q_1^{cs} + p_2 \Delta q_2^{cs}|}{p_1 q_1 + p_2 q_2} = \frac{s_1 |(m_2 - t - m_1)(\Delta q_1^{cs}/q_1) - t|}{m_2} \quad (3-63)$$

值得注意的是,(3-63)式中的 $\Delta q_1^{cs}/q_1$ 是一个未知数,而不是备选市场上只有产品 1 时的临界损失。这是因为(3-63)式是从(3-33)式中推导出来的,而只有一种产品时的临界损失是从 $(p_1 - c_1)q_1 = [(1+t)p_1 - c_1](q_1 + \Delta q_1^c)$ 中推导出来的,所以这两个等式中的 Δq_1 是不同的。如果错误地认为,它们是相同的,即认为 $\Delta q_1^{cs}/q_1 = t/(t+m)$,那么上述临界损失额公式将简化为:

$$CL_{sale}^{swr} = s_1 t/(t + m_1) \quad (3-64)$$

根据需求系统,可以得到实际损失额:

$$AL_{sale}^{cs} = \frac{|p_1 \Delta q_1^s + p_2 \Delta q_2^s|}{p_1 q_1 + p_2 q_2} = \frac{s_1 t (\alpha_1 - \beta_1) p_1}{q_1/p_1} \quad (3-65)$$

根据临界损失分析的思想,得到产品 1 和产品 2 构成相关市场的条件:

$$\left|1 - \frac{\beta_1 p_2}{\alpha_1 p_1}\right| \alpha_1 (m_1 + t) < \frac{q_1}{p_1} \leq \alpha_1 (m_1 + t) \quad (3-66)$$

虽然根据假设有 $\alpha_1 > \beta_1$,但是如果产品 2 和产品 1 的价格比足够大,以至于绝对值符号内的表达式小于 -1,那么(3-66)式将不成立,这从侧面反映了临界损失额分析的局限性。

如果产品 1 和产品 2 是对称的,那么上述相关市场条件简化为:

$$(\alpha_1 - \alpha_2)(t+m) < \frac{q_1}{p_1} \leq \alpha_1(t+m) \qquad (3-67)$$

对比 (3-67) 式与 (3-41) 式，我们发现，(3-67) 式更容易得到满足，两式的具体关系如图 3-3 所示：

$(\alpha_1 - \alpha_2)(t+m)$ $\alpha_1(t+m) - \alpha_2 m$ $\alpha_1(t+m_1)$

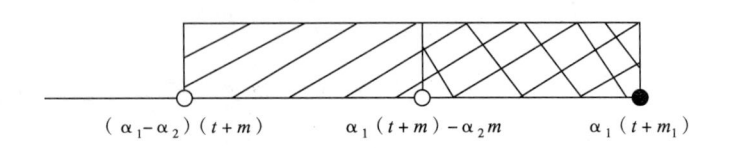

图 3-3　单一价格上涨方式下临界损失分析与临界损失额分析之间的联系

在图 3-3 的斜线区域内，如果采用临界损失分析来界定相关市场，那么产品 1 和产品 2 将不构成相关市场；如果采用错误的临界损失额分析来界定相关市场，那么产品 1 和产品 2 将构成相关市场。而网格区域内，不管是采用临界损失分析，还是采用临界损失额分析来界定相关市场，那么产品 1 和产品 2 都将构成相关市场。

注意，上述临界损失额分析的相关市场条件是在对临界损失额公式理解错误的前提下得到的。如果没有该理解错误，那么由于无法得到 Δq_1^{cs}，所以单一价格上涨方式下的临界损失额分析在现实中不具有可操作性。

2. 统一价格上涨方式

根据前面的分析，两种价格上涨方式下各种临界损失分析的主要区别在于它们的约束条件不同。虽然从单一价格上涨方式到统一价格上涨方式，临界净损失分析的约束条件改变了，但是临界净损失与临界损失、实际净损失与实际损失的关系并没有相应改变。因此，像单一价格上涨方式下一样，在假设维持利润不变的转移率和实际转移率相等的前提下，统一价格上涨方式下的临界净损失分析和临界损失分析实质是完全相同的。同样，如果没有该假设，临界净损失分析在现实中无法操作。

第三章 假定垄断者测试及其执行方法：一个框架

假设假定垄断者将产品 1 和产品 2 的价格同时提高 $t\%$，从 (3-42) 式推导出统一价格上涨方式下的临界损失额如下：

$$CL_{sale}^{u} = \frac{|p_1 \Delta q_1^{cu} + p_2 \Delta q_2^{cu}|}{p_1 q_1 + p_2 q_2} = \frac{s_1 |(m_2 - m_1)(\Delta q_1^{cu}/q_1) - t|}{m_2 + t} \quad (3-68)$$

与单一价格上涨方式一样，如果错误地认为 $\Delta q_1^{cu}/q_1 = t/(t+m)$，那么上述临界损失额公式同样简化为 (3-63) 式。

根据需求系统，可以得到实际损失额：

$$AL_{sale}^{cu} = \frac{|p_1 \Delta q_1^{u} + p_2 \Delta q_2^{u}|}{p_1 q_1 + p_2 q_2} = \frac{s_1 t [\alpha_1 - (\alpha_2 + \beta_1)(p_2/p_1) + \beta_2 (p_2/p_1)^2]}{q_1/p_1}$$

$$(3-69)$$

根据临界损失分析的思想，得到产品 1 和产品 2 构成相关市场的条件：

$$\left[1 - \frac{(\alpha_2 + \beta_1)(p_2/p_1) - \beta_2 (p_2/p_1)^2}{\alpha_1}\right] \alpha_1 (m_1 + t) < \frac{q_1}{p_1} \leq \alpha_1 (m_1 + t)$$

$$(3-70)$$

与单一价格上涨方式一样，只要产品 2 和产品 1 的当前价格比充分大，那么上述相关市场条件将不再成立，也就是说，临界损失额分析同样会失效。

如果产品 1 和产品 2 是对称的，那么上述相关市场条件简化为：

$$2(\alpha_1 - \alpha_2)(t+m) < q_1/p_1 \leq \alpha_1 (t+m) \quad (3-71)$$

对比 (3-67) 式和 (3-71) 式，我们发现一个很有意思的结果：(3-71) 式中最左边的表达式是 (3-67) 式相应表达式的 2 倍。依次推论，如果备选市场有 n 种对称产品，那么此时该倍数应该为 n 倍，这样就会存在一个悖论：随着备选市场上产品数量的增加，相关市场条件越来越难得到满足,也就是说,相关市场条件越来越发散,而不是收敛,这意味着我们最终无法界定出相关市场。这再一次表明理解错误将会导致严重的后果。

对比(3-71)式与(3-48)式,我们发现,临界损失分析的相关市场条件更容易得到满足,两式的具体关系如图3-4所示:

$$2(\alpha_1+\alpha_2)(t+m) \qquad \alpha_1(t+m_1)$$

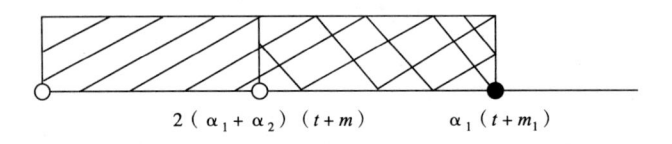

图3-4 统一价格上涨方式下临界损失分析与临界损失额分析之间的联系

与单一价格上涨方式不同,在图3-4的斜线区域内,如果采用临界损失分析来界定相关市场,那么产品1和产品2将构成相关市场;如果采用错误的临界损失额分析来界定相关市场,那么产品1和产品2将不构成相关市场。与单一价格上涨方式一样,在网格区域内,不管是采用临界损失分析,还是采用临界损失额分析来界定相关市场,那么产品1和产品2都将构成相关市场。但是,两种情形下的网格区间范围不同。

同样,上述临界损失额分析的相关市场条件是在对临界损失额公式理解错误的前提下得到。如果没有该理解错误,那么由于现实中也无法得到 Δq_1^{cu},所以统一价格上涨方式下临界损失额分析也不具有可操作性。

综合以上分析,我们发现:"利润不变"版两种价格上涨方式下,临界损失分析和临界净损失分析在实质上是相同的;临界损失额分析都不具有可操作性。在错误的理解下,两种情形下的临界损失额相同,但是实际损失额不同。由于统一价格上涨方式下的实际损失额表达式较为复杂,通常很难判断它们之间的联系。

（二）"利润最大化"版

当备选市场上有多种产品时，假定垄断者取得最大利润时，所有产品的最优价格和最优销量也同时获得。也就是说，不管是单一价格上涨方式还是统一价格上涨方式，临界净损失都是备选市场上所有产品的最优销量和当前销量的差额之和除以所关注产品的当前销量，用公式表达如下：

$$CL_{net}^w = \frac{|\dot{q}_1^* - q_1| - |\dot{q}_2^* - q_2|}{q_1} = \frac{(1 - d_{21}^*)|\dot{q}_1^* - q_1|}{q_1} = (1 - d_{21}^*) CL^w \quad (3-72)$$

其中，$d_{21}^* = CD^w$ 为假定垄断者取得最大利润时的转移率。

由于实际损失不受所采用情形的影响，所以"利润最大化"版单一价格上涨方式下的实际净损失仍为（3-62）式。根据需求系统，得到统一价格上涨方式下的实际损失如下：

$$AL_{net}^u = \frac{(\alpha_1 - \beta_1) tp_1 - (\alpha_2 - \beta_2) tp_2}{q_1} = (1 - d_{21}^u) AL^u \quad (3-73)$$

其中，$d_{21}^u = (\beta_1 p_1 - \beta_2 p_2) / (\alpha_1 p_1 - \alpha_2 p_2)$。

根据临界净损失分析的思想，得到两种价格上涨方式下产品1和产品2构成相关市场的条件①：

$$\begin{cases} CL_{net}^w > AL_{net}^s \Rightarrow (1 - d_{21}^*) CL^w > (1 - d_{21}) AL^s \\ CL_{net}^w > AL_{net}^u \Rightarrow (1 - d_{21}^*) CL^w > (1 - d_{21}^u) AL^s \end{cases} \quad (3-74)$$

---

① 由于本小节的主要目的是考察各种相关市场界定方法之间的联系，而不是推导各种情形下的相关市场条件，所以我们这里没有给出具体的相关市场条件。

从（3-74）式可以看出：①由于假定垄断者取得最大利润时的转移率与两种价格上涨方式下的转移率均不相等，不等式两边的转移率部分无法抵消，所以"利润最大化"版下，临界净损失分析和临界损失分析的相关市场条件不同。但是，仅从参数表达式，一般还无法比较它们界定出的相关市场的宽窄。②对比（3-62）式和（3-73）式，我们发现，单一价格上涨方式下的实际损失大于统一价格上涨方式下的实际损失，因为产品2是产品1的紧密替代品，当产品2的价格也上涨同一幅度时，产品1损失的部分销量会转回来。由于两种情形下的临界损失是相同的，所以单一价格上涨方式的相关市场可能要宽于统一价格上涨方式的相关市场。

如果产品1和产品2是对称的，那么（3-72）式表示的临界损失将等于0，而（3-62）式和（3-73）式表示的实际损失则大于0，这意味着如果一种产品不构成相关市场，那么对称的两种产品也不构成相关市场。

基于与临界净损失分析相同的理由，两种价格上涨方式下的临界损失额都是备选市场上所有产品的最优销量和当前销量的差额与当前价格的乘积之和除以当前所有产品的销售额之和，用公式表达如下：

$$CL_{sale}^{w} = \frac{|p_1 \Delta q_1^* + p_2 \Delta q_2^*|}{p_1 q_1 + p_2 q_2} \quad (3-75)$$

同样，由于实际损失额不受所采取情形的影响，所以"利润最大化"版两种价格上涨方式下的实际损失额仍分别为（3-65）式和（3-69）式。

根据临界损失额分析的思想，理论上可以分别求出两种价格上涨方式下产品1和产品2构成相关市场的条件，因为"利润最大化"版下的临界损失额是已知的。这一点与"利润不变"版不同。

假设（3-63）式和（3-68）式也是已知的。根据前面的分析，统一价格上涨方式下的销量损失要小于单一价格上涨方式下的销量损失，而后者又小于利润最大化时的销量损失，于是有（3-68）式＜（3-63）式＜（3-74）式和（3-69）式＜（3-65）式。结合两种情形同一情景下的实际损失额相等的事实，可以得出如下结论：①在其他条件相同的情况下，"利润最大化"版的单一价格上涨方式下的相关市场可能宽于统一价格上涨方式下的相关市场；②在其他条件相同的情况下，"利润最大化"版下的相关市场可能窄于同一种情景"利润不变"版下的相关市场。

五 假定垄断者测试与临界分析方法之间的关系

到目前为止，我们已经考察了假定垄断者测试的内部联系、临界损失分析和转移率分析之间的联系，以及临界损失分析的内部联系。本小节将考察假定垄断者测试与临界分析方法之间的联系。

综合以上内容，我们发现假定垄断者测试和临界分析方法之间存在以下联系：

第一，当备选市场上只有一种产品时，它们的相关市场条件是相同的，这意味着它们最终将界定出相同的相关市场。

第二，当备选市场上有多种产品时，在对称的条件下，假定垄断者测试的"将会获利"版与转移率分析和临界净损失分析的"利润最大化"版均得出相同的结论：如果一种产品不构成相关市场，那么将其紧密替代品纳入进来后的备选市场仍不构成相关市场。

第三，其他情形下，假定垄断者测试与临界分析方法不存在明显的联系，它们之间的联系要具体案例具体分析。

六 小结

本节考察了线性需求系统下假定垄断者测试和临界分析方法的内部联系，以及它们之间的联系。同时，考察了三种临界损失分析之间的联系。研究发现：

第一，当备选市场上只有一种产品时，假定垄断者测试与临界分析方法最终将界定出相同的相关市场，并且在其他条件相同的前提下，"将会获利"版界定出的相关市场可能比"可以获利"版界定的相关市场宽些。

第二，在对称的、"可以获利"版下，假定垄断者测试的单一价格上涨方式下界定出的相关市场一般宽于统一价格上涨方式下界定出的相关市场；在对称的、"将会获利"版下，假定垄断者测试的两种价格上涨方式下的结论相同：如果一种产品不构成相关市场，那么将其紧密替代品纳入进来后的备选市场仍不构成相关市场。

第三，当备选市场上有多种产品时，在"利润不变"版下的各种临界分析方法均不具有可操作性。

第四，当备选市场上有多种产品时，在"利润最大化"版下，①如果产品 1 和产品 2 是对称的，那么临界损失分析的单一价格上涨方式下它们可以构成相关市场，而在临界损失分析的统一价格上涨方式与转移率分析的两种价格情景下，它们都不构成相关市场。②在同一种情景下，临界损失分析和临界净损失分析可能界定出不同的相关市场。③在对称的条件下，临界净损失分析得出与假定垄断者测试相同的结论：如果一种产品不构成相关市场，那么将其紧密替代品纳入进来后的备选市场仍不构成相关市场。

第三节　需求函数形式为不变弹性

基于以下理由,本节主要考察当备选市场上只有一种产品时,不变弹性需求系统下各种相关市场界定方法之间的联系,以及同一种方法不同版本之间的联系:

第一,在"利润不变"版下,当备选市场上有多种产品时,一般无法从一个约束条件推导出含有多个未知数的各种临界值,各种临界分析方法失效。根据第一节的分析,"利润不变"版的各种临界分析方法的临界值都是从价格上涨前后假定垄断者利润保持不变这个约束条件推导出来的,独立于需求系统的设定,而在线性需求系统下,当备选市场上有多种产品时,通常无法从一个约束条件推导出含有多个未知数的各种临界值。

第二,在"利润最大化"版下,当备选市场上有多种产品时,求解多元非线性优化问题非常困难,很难分析各种相关市场界定方法之间的联系,所以考察备选市场上有多种产品情形的意义不大,因为本章的主要目的是考察各种相关市场界定方法之间的联系,而不是给出它们的各种相关市场条件。即使我们最终能推导出来各种情形下的相关市场条件,但由于这些相关市场条件可能极为复杂,使得我们很难将它们与其他情形的相关市场条件进行对比。这一点在线性需求系统下已经得到证实。

一　基本设定

与第二节一样,假设某地区企业 A 和企业 B 打算合并,企业 A 和企业 B 的主要产品分别为产品 1 和产品 2。该地区除了这两种产品之外，还有许多对产品 1 和产品 2 具有一定替代性的其他产品。为了简化分析，我们将这些产品统称为产品 0。假设需求系统为不变弹性，具体形式如下①：

$$\begin{cases} q_1 = \alpha p^{-\eta_{11}} p^{\eta_{12}} \\ q_2 = \beta p^{\eta_{22}} p^{-\eta_{21}} \end{cases}$$

假设产品 1 和产品 2 的成本函数如下：

$$\begin{cases} C_1 = F_1 + c_1 q_1 \\ C_2 = F_2 + c_2 q_2 \end{cases}$$

另外，假设某种产品的价格变动对产品本身的影响要大于对其替代品的影响，即 $\eta_{11} > \eta_{12}$，$\eta_{22} > \eta_{21}$。同时假设某种产品的需求量受其自身价格变动的影响要大于受其替代品价格变动的影响，即 $\eta_{11} > \eta_{21}$，$\eta_{22} > \eta_{12}$。

二 假定垄断者测试的内部联系

本小节将考察假定垄断者测试不同情形之间的具体联系。为了不失一般性，假设假定垄断者测试以产品 1 为起点，产品 2 是产品 1 的紧密替代品。

(一)"可以获利"版

根据基本设定，得到价格上涨前假定垄断者的利润：

---

① 由于在整个分析过程中均假设其他产品的价格保持不变，所以它是一个常数，这一点在考察线性需求系统下的方法体系时得到了验证。因此，为了简化分析，将其他产品的价格项并入常数项。

$$\pi = \alpha p^{-\eta_{111}} p^{\eta_{112}} (p_1 - c_1) - F_1 \tag{3-76}$$

当假定垄断者将产品 1 的价格提高 $t\%$ 后,假定垄断者的利润变为:

$$\pi' = \alpha \left[(1+t) p_1 \right]^{-\eta_{11}} p_2^{\eta_{21}} \left[(1+t) p_1 - c_1 \right] - f_1 \tag{3-77}$$

依据假定垄断者测试的思想,得到产品 1 构成相关市场的条件:

$$(1+t)^{\eta_{11}} > \frac{m_1}{m_1 + t} \tag{3-78}$$

将上式进一步化简,得到:

$$\eta_{11} < \frac{\ln(t + m_1) - \ln m_1}{\ln(1 + t)} \tag{3-79}$$

为了比较两种需求系统下假定垄断者测试"可以获利"版的相关市场条件之间的关系,将(3-15)式进行变换,得到如下不等式:

$$\eta_{11} < \frac{1}{m_1 + t} \tag{3-80}$$

对比(3-79)式和(3-80)式,我们发现,(3-80)式是(3-79)式的充分非必要条件。这意味着当备选市场上只有一种产品时,如果采用假定垄断者测试的"可以获利"版来界定相关市场,那么在线性需求系统下界定出的相关市场可能要宽于不变弹性需求系统下界定出的相关市场。具体来说,当产品 1 的自价格弹性绝对值满足下式时,在线性需求系统下产品 1 不构成相关市场,而在不变弹性需求系统下,它则构成相关市场:

$$\frac{1}{m_1 + t} \leq \eta_{11} < \frac{\ln(t + m_1) - \ln m_1}{\ln(1 + t)} \tag{3-81}$$

在其他条件相同的情况,由于需求系统的设定不同可能会导致不同的相关市场，所以在反垄断实践中，有关各方可能会"挑选"需求系统，以达到它们想要的相关市场。

（二）"将会获利"版

当备选市场上只有产品1时，将（3-76）式两边对产品1的价格求偏导，在其他产品的价格保持不变的条件下，得到利润最大化的一阶条件：

$$\frac{\partial \pi_1}{\partial p_1} = \frac{\partial q_1}{\partial p_1}(p_1 - c_1) + q_1 = \left(-\eta_{11}\frac{q_1}{p_1}\right)(p_1 - c_1) + q_1 = 0$$

求解上述一阶条件，得到最优价格和最优销量：

$$p_1^* = \frac{\eta_{11} c_1}{\eta_{11} - 1} \qquad q_1^* = \alpha \left(\frac{\eta_{11} c_1}{\eta_{11} - 1}\right)^{-\eta_{11}} p_2^{\eta_{21}} \qquad (3-82)$$

从上述最优价格的表达式可以看出，如果产品1的自价格弹性绝对值小于1，那么最优价格小于0，这显然与经济理论不符合，因为产品的自价格弹性越小，产品所有者的涨价动力越大，利润最大化价格越接近完全垄断价格。由于假定垄断者测试的"将会获利"版、临界损失分析和临界弹性分析的"利润最大化"版都用到最优销量和最优价格信息，所以此时它们将失效。回想一下，在线性需求系统下，它们并没有对产品的自价格弹性作出要求。

下面讨论产品1富有弹性的情形。依据"将会获利"版的思想，得到产品1构成相关市场的条件：

$$1 < \eta_{11} < \frac{1+t}{m_1 + t} \qquad (3-83)$$

对比（3-79）式和（3-83）式，我们发现假定垄断者测试两种情形下相关市场条件的松紧关系取决于 $[\ln(m_1+t)-\ln m_1]/\ln(1+t)$ 与 $(1+t)/(m_1+t)$ 的大小关系。为此，令前者大于后者。根据该假设可以推导出：

$$(1+t)^{1+t} < \left(1+\frac{t}{m_1}\right)^{m_1+1} \qquad (3-84)$$

一般来说，产品1的毛利润率小于1，给定的价格增长率在5%~10%之间，此时（3-84）式小于号右边的表达式是产品1的毛利润率的减函数，而当产品1的毛利润率等于1时，（3-84）式由不等式变为等式，也就是说，我们的假设是正确的，从而我们得到（3-83）式是（3-79）式的充分非必要条件的结论。这意味着"可以获利"版界定出的相关市场可能窄于"将会获利"版界定出的相关市场。具体来说，当备选市场上只有一种产品时，如果产品1的自价格弹性绝对值满足（3-85）式，那么在"可以获利"版下，产品1构成相关市场，而在"将会获利"版下，产品1则不构成相关市场：

$$\frac{1+t}{m_1+t} \leq \eta_{11} < \frac{\ln(t+m_1)-\ln m_1}{\ln(1+t)} \qquad (3-85)$$

值得注意的是，当备选市场上产品缺乏弹性时（弹性绝对值小于1），"可以获利"版仍然有效，而"将会获利"版将失效。

为了比较两种需求系统下假定垄断者"将会获利"版的相关市场条件之间的关系，将（3-25）式进行变换，得到如下不等式：

$$\eta_{11} < \frac{1}{m_1+2t} \qquad (3-86)$$

对比（3-83）式和（3-86）式，我们发现，（3-86）式是（3-83）式的充分非必要条件。与"可以获利"版一样，这意味着线性需求系统下界定出的相关市场可能要宽于不变弹性需求系统下界定出的相关市场。具体来说，当产品 1 的自价格弹性绝对值满足 (3-87) 式时，在线性需求系统下产品 1 不构成相关市场，而在不变弹性需求系统下，它则构成相关市场：

$$\frac{1}{m_1 + 2t} \leq \eta_{11} < \frac{1+t}{m_1 + t} \qquad (3-87)$$

同样，"将会获利"版下也会存在"挑选"需求系统的情形。

三 临界损失分析和临界弹性分析之间的联系

当备选市场上只有一种产品时，不存在备选市场产品之间的内部转移问题，转移率分析失效，所以本小节主要考察临界损失分析和临界弹性分析之间的联系。

（一）"利润不变"版

在"利润不变"版下，临界分析方法的临界值独立于需求系统，所以不变弹性需求系统下的临界损失仍为 (3-30) 式。根据设定的需求系统，得到实际损失如下：

$$AL = 1 - (1+t)^{-\eta_{11}} \qquad (3-88)$$

根据临界损失分析的思想，得到产品 1 构成相关市场的条件：

$$\eta_{11} < \frac{\ln(t+m_1) - \ln m_1}{\ln(1+t)} \qquad (3-89)$$

接下来考察临界弹性分析。将 (3-30) 式两边同除以给定的价格增长率 t，得到临界弹性：

$$CE = \frac{\Delta q_1^c}{q_1 t} = \frac{1}{t + m_1} \tag{3-90}$$

同样，根据设定的需求系统，得到实际弹性如下：

$$AE = \eta_{11} \tag{3-91}$$

根据临界弹性分析的思想，得到产品 1 构成相关市场的条件：

$$\eta_{11} < \frac{1}{t + m_1} \tag{3-92}$$

通过比较（3-89）式和（3-92）式，我们发现与临界弹性分析相比，临界损失分析的相关市场条件相对容易得到满足，这意味着采用临界损失分析界定出的相关市场可能窄于采用临界弹性分析界定出的相关市场。具体来说，当产品 1 的自价格弹性绝对值满足（3-93）式时，如果采用临界损失分析来界定相关市场，产品 1 构成相关市场，而采用临界弹性分析来界定相关市场，产品 1 则不构成相关市场：

$$\frac{1}{t + m_1} \leqslant \eta_{11} < \frac{\ln(t + m_1) - \ln m_1}{\ln(1 + t)} \tag{3-93}$$

回想一下，在线性需求系统的同样情形下，临界损失分析和临界弹性分析将会界定出相同的相关市场。再一次表明，需求系统的设定会影响相关市场的界定结果。

（二）"利润最大化"版

在"利润最大化"版下，临界分析方法的临界值依赖于需求系统，根据设定的需求系统，得到临界损失如下：

$$CL^w = \frac{q_1 - q_1^*}{q_1} = 1 - \left(\frac{p_1^*}{p_1}\right)^{-\eta_{11}} \tag{3-94}$$

由于临界损失分析的实际值不受所采用情形的影响,所以"利润最大化"版下的实际损失仍为(3-25)式。根据临界损失分析的思想,得到产品 1 构成相关市场的条件:

$$1 < \eta_{11} < \frac{1+t}{m_1+t} \tag{3-95}$$

接下来考察临界弹性分析。同样,根据设定的需求系统,得到临界弹性:

$$CE^w = \frac{(q_1 - q_1^*)/q_1}{(p_1^* - p_1)/p_1} = \frac{1 - (p_1^*/p_1)^{-\eta_{11}}}{(p_1^* - p_1)/p_1} \tag{3-96}$$

同样,临界弹性分析的实际值也不受所采用情形的影响,所以"利润最大化"版下的实际弹性仍为(3-91)式。根据临界弹性分析的思想,得到产品 1 构成相关市场的条件如下:

$$\eta_{11}\ln[\eta_{11}(1-m_1)] + \ln[\eta_{11}^2 - (1-m_1)\eta_{11} - 1] - (\eta_{11}+1)\ln(\eta_{11}-1) > 0$$
$$\tag{3-97}$$

由于(3-97)式比较复杂,所以一般很难判断"将会获利"版下,临界损失分析和临界弹性分析之间的联系。

(三) 两种情形之间的联系

由于(3-89)式与(3-79)式完全相同,而(3-95)式和(3-83)式也完全相同,所以临界损失分析两种版本之间的联系与假定垄断者测试两个版本之间的联系相同:"可以获利"版界定出的相关市场可能窄于"将会获利"版界定出的相关市场。

同样,由于(3-97)式比较复杂,一般无法判断临界弹性分析两个情形之间的联系。

四 假定垄断者测试和临界分析方法之间的联系

综合以上假定垄断者测试、临界损失分析和临界弹性分析不同情形下的相关市场条件，我们可以得出如下结论，当备选市场上只有一种产品时：

第一，在同一种情形下，假定垄断者测试与临界损失分析将会界定出相同的相关市场；

第二，在"利润不变"版下，假定垄断者测试和临界损失分析界定出的相关市场可能窄于临界弹性分析界定出的相关市场；

第三，在"利润最大化"版下，由于临界弹性分析的相关市场条件较为复杂，所以一般无法判断此时假定垄断者测试和临界弹性分析之间的联系。

五 小结

本节主要分析了当备选市场上只有一种产品时，不变弹性需求系统下假定垄断者测试、临界损失分析和临界弹性的内部联系，以及它们之间的联系。研究表明：

第一，临界损失分析两种情形之间的联系与假定垄断者测试两个情形之间的联系相同："可以获利"版界定出的相关市场可能窄于"将会获利"版界定出的相关市场；临界弹性分析两种情形之间的联系则需要具体案例具体分析。

第二，在"可以获利"版下，假定垄断者测试、临界损失分析和临界弹性分析的相关市场条件对自价格弹性没有要求；在"将会获利"

版下，三种方法的相关市场条件则要求自价格弹性的绝对值要大于1。

第三，在同一种情形下，假定垄断者测试与临界损失分析将会界定出相同的相关市场。

第四，在"可以获利"版下，假定垄断者测试和临界损失分析定出的相关市场可能窄于采用临界弹性分析界定出的相关市场；在"利润最大化"版下，则无法判断假定垄断者测试和临界弹性分析之间的联系。

本章小结

本章首先从宏观到微观的顺序考察了各种方法之间，同一种方法不同情形之间的联系，试图从宏观上勾勒出相关市场界定方法的全景图；然后，从微观到宏观的顺序分别考察了线性和不变弹性两种具有代表性的需求系统下各种方法之间、同一种方法不同情形之间的具体联系，尝试建立一个相关市场界定的方法体系。研究表明，当备选市场上只有一种产品时：

第一，在同一种需求系统下，不同方法可能界定出相同的相关市场。比如，在线性和不变弹性需求系统下，假定垄断者测试和临界损失分析的实质都是相同的。

第二，在不同的需求系统下，同一种方法可能界定出不同的相关市场。比如，在线性需求系统下，假定垄断者测试和临界损失分析界定出的相关市场可能宽于不变弹性需求系统相应情形下界定出的相关市场。

第三，需求系统的设定可能影响不同方法之间的联系。在线性需求系统下，临界损失分析和临界弹性分析的实质基本上是相同的。在不变弹性需求系统的"利润不变"版下，临界损失分析界定出的相关市场可能窄于临界弹性分析界定出的相关市场；而在不变弹性需求系统的"利润最大化"版下，则无法判断它们之间的联系。

第四，在不变弹性需求系统下，当备选产品的自价格弹性绝对值小于 1 时，假定垄断者测试"将会获利"版、临界损失分析和临界弹性分析的"利润最大化"版将会失效，这一点与线性需求系统不同。

总的来说，需求系统的设定可能会影响相关市场的界定结果，所以在反垄断实践中，有关各方可能会"挑选"需求系统，以达到它们想要的相关市场。

当备选市场上有一种以上产品时，假定垄断者测试仍可以使用，但各种临界分析方法都存在一定的问题。在"利润不变"版下，它们都不具有可操作性，而在"利润最大化"版下，它们又不能解决对称性问题。

值得注意的是，在本章的整个分析过程中，我们一直假设需求系统是已知的。就像没有见过大象的人是无法判断出哪个盲人"眼"中的大象是真实的一样，如果在实际操作中，无法估计出备选市场的需求系统，那么将无法比较各种方法界定出的相关市场的宽窄，因为此时假定垄断者测试、临界损失分析、临界弹性分析和转移率分析所利用的利润、损失、弹性和转移率等信息可能来源于不同的渠道，它们之间可能缺乏内在的一致性。在现实中，学者和执法者们往往在"盲人摸象"，根据自己"看"到的东西，"说"出大象的样子。换句话说，在实践中，如果无法估计出需求系统，那么只能根据掌握的有限信息（"看"到的东西）来界定相关市场（描绘大象）。至于最终界定出的相关市场是否准确（完整的大象），估计只有天知道。

第四章 临界损失分析：拓展和新思路

在建立假定垄断者测试及其执行方法的框架时，第三章给出了一系列假设。在实践中，如果部分假设得不到满足，那么这会给相关市场界定带来什么后果呢？有没有相应的应对之策呢？本章将放松在价格上涨区间内需求曲线是平滑的和边际成本不变这两个假设条件，考察它们对相关市场界定的结果会产生什么影响，并提出相应的解决办法。然后，提出一种新的临界损失分析思路，以解决备选市场有多种差异化产品时常用的临界损失分析思路失效的问题。

第一节 临界损失分析：一个新拓展

第三章在构建假定垄断者测试的分析框架时，我们给出了一系列假设。在实践中，如果部分假设得不到满足，那么这将给相关市场界定结果产生什么影响呢？有没有相应的应对之策呢？本节将放松现实中可能经常违背的3个假设条件：在价格上涨区间内需求曲线是平滑的、边际成本不变和备选市场上产品间互为替代品，然后考察放松这些假设条件可能给相关市场界定结果带来的影响，最后尝试给出相应的解决办法。

一 需求曲线存在尖点

(一) 需求曲线存在尖点的原因

如果某产品存在大量的边际消费者和少量忠实的消费者，那么，当价格上涨时，该产品将失去大量的边际消费者，自价格弹性将很大；当价格进一步上涨时，由于忠实的消费者对价格的敏感度较低，产品的自价格弹性将变小。当然，也可能存在相反的情形，即某种产品存在大量忠实的消费者，以及少量的边际消费者。当该产品的价格上涨时，其需求价格弹性将从某一点起由小陡然变大。在这两种情形下，需求曲线会在某处发生转折，出现"尖点"。

如果竞争者存在产量约束，当价格上涨到某一水平后，由于受产量约束，竞争者将不再能通过扩大产量来有效抑制某企业的涨价行为，该企业面临的需求曲线可能在此点发生转折。

如果市场上存在价格歧视，那么该市场的需求曲线也可能在某点发生转折。比如，某个市场存在第三类价格歧视，不同的消费群体将面临不同的产品价格。如果不同消费群体的消费能力差异较大，那么加总的市场需求曲线很可能在某一点发生转折。

如果市场存在异质性，消费者对某产品的保留价格差异较大，那么当产品价格提高到某类消费者的保留价格之前，需求价格弹性可能较小，而在此之后，需求价格弹性可能突然变大。也就是说，需求曲线可能在某一点发生转折。

当然，在其他情形下，需求曲线也可能发生转折，这里不一一列举了。

（二）需求曲线存在尖点对相关市场界定结果的影响

为了简化分析，假设备选市场上只有一种产品 A，其需求函数为线性，且已知在 O 点发生转折，如图 4-1 和图 4-2 所示。下面将分别考察在这两种情形下，需求曲线存在尖点的问题会给相关市场界定带来什么影响。

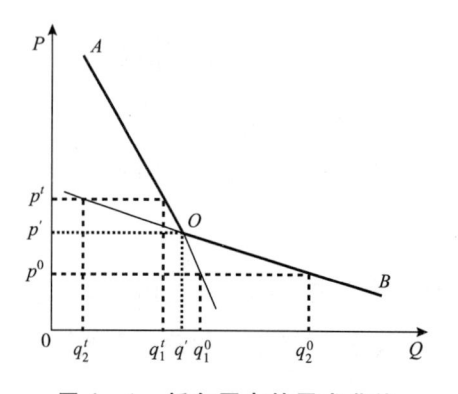

图 4-1 折向原点的需求曲线

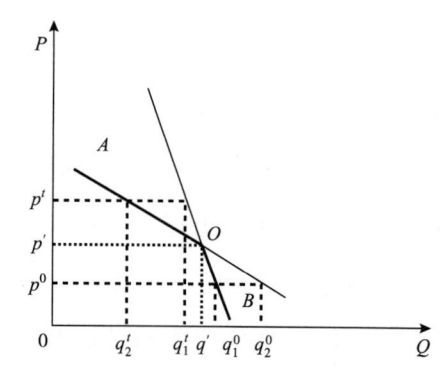

图 4-2 折离原点的需求曲线

回想一下，第三章已经证明，在线性需求系统下，当备选市场上只有一种产品时，假定垄断者测试、临界损失分析和临界弹性分析的本质是相同的。因此，为了使下述分析更加直观，便于理解，下面将采用临界损失分析"利润不变"版来界定相关市场。

1. 折向原点的需求曲线

假设当前假定垄断者的产品需求处在 E 点。如图 4-1 所示，当产品 A 的价格上涨 t% 后，假定垄断者面临的实际损失为：

$$AL^k = (q_2^0 - q_1^t)/q_2^0$$

如果误以为需求曲线不存在尖点，那么得到的实际损失将变为：

第四章 临界损失分析：拓展和新思路

$$AL = (q_2^0 - q_2^t)/q_2^0$$

显然，$AL^k < AL$。如果将折向原点的需求曲线误以为直线需求曲线，那么将高估实际损失。由于临界损失独立于需求曲线，所以在这种情形下可能会界定出过宽的相关市场。确切地说，当 $AL^k < CL < AL$ 时，产品 A 实际上已经构成相关产品市场。但是，如果误以为需求曲线不存在尖点，那么将得出相关产品市场应该宽于产品 A 市场的错误结论。

上面假设，当价格上涨 $t\%$ 后，产品 A 的价格会高于转折点 O 的价格。如果产品 A 上涨后的价格仍不高于转折点 O 的价格，或者产品 A 的当前价格已经不低于转折点 O 的价格，那么在这两种情形下，需求曲线的尖点问题都不会对相关市场界定产生任何影响。

2. 折离原点的需求曲线

假设当前假定垄断者的产品需求处在 E 点。如图 4-2 所示，当产品 A 的价格上涨 $t\%$ 后，假定垄断者面临的实际损失为：

$$AL^k = (q_2^0 - q_1^t)/q_2^0$$

如果误以为需求曲线不存在尖点，那么得到的实际损失将变为：

$$AL = (q_2^0 - q_2^t)/q_2^0$$

如图 4-2 所示，此时 $AL^k > AL$。如果将折离原点的需求曲线误以为直线需求曲线，那么将低估实际损失。由于临界损失独立于需求曲线，所以在这种情形下可能会界定出过窄的相关市场。具体来说，当 $AL^k > CL > AL$ 时，产品 A 实际上并不能构成相关产品市场。但是，如果误以为需求曲线不存在尖点，那么将得出产品 A 构成相关产品市场的错误结论。

同样，上面假设，当价格上涨 $t\%$ 后，产品 A 的价格会高于转折点

O 的价格。如果产品 A 上涨后的价格仍不高于转折点 O 的价格，或者产品 A 的当前价格已经不低于转折点 O 的价格，那么这两种情形下，需求曲线的尖点问题也不会对相关市场界定产生任何影响。

（三）基于推测变分技术的临界损失分析

为了解决上述问题，本章提出了推测变分法。具体来说，将价格上涨区间内转折点接近分析起点的程度看作一个参数。这样，在实际操作中，我们只要知道它们的相对位置即可，无须知道分析起点和转折点的确切位置。如果我们也无法准确知道它们的相对位置，那么我们可以通过情景分析来获取它们的相对位置。然后，通过分段的方法计算假定垄断者的实际损失。最后，通过比较临界损失和实际损失的大小来界定相关市场。

如图 4-1 和图 4-2 所示，假设需求曲线在 O 点发生转折。假设需求曲线 TO 段的平均弹性为 η_2，OE 段的平均弹性为 η_1。通过前面章节的分析，当备选市场上只有一种产品时，临界损失公式独立于需求函数形式，所以需求曲线的尖点问题只影响实际损失。如上所述，如果尖点不在价格上涨区间内，那么尖点问题将不会影响实际损失。因此，下面只考察尖点位于价格上涨区间内的情形，此时实际损失变为：

$$AL = t\eta = \frac{p'-p}{p}\eta_1 + \frac{p+\Delta p - p'}{p'}\eta_2$$

化简，可得：

$$AL = \left(\theta\eta_1 + \frac{1-\theta}{1+\theta t}\eta_2\right)t \quad (4-1)$$

其中，$\theta = (p'-p)/\Delta p$，表示尖点接近起始点的程度。

从（4-1）式可以看出，当 θ 接近于 1，即尖点远离分析起点时，实际损失主要取决于 η_1；当 θ 接近于 0，即尖点接近分析起点时，实际损失主要取决于 η_2。

由于临界损失独立于需求函数形式，所以它仍为：

$$CL = \frac{t}{m+t}$$

根据临界损失分析的思想，当需求曲线存在尖点时，产品 A 构成相关市场的条件：

$$\left(\theta\eta_1 + \frac{1-\theta}{1+\theta t}\eta_2\right) < \frac{1}{m+t} \qquad (4-2)$$

在实际操作中，如果无法获得或不能准确获得 θ 值，那么我们可以通过情景分析，考察不同的 θ 值是否会导致相同的相关市场。如果答案为"是"，那么说明界定出的相关市场具有稳健性；如果答案为"否"，那么需要借助专业经验等额外信息来判断哪种取值下的相关市场更为合理。

二 边际成本可变

（一）边际成本可变的原因

如果某企业存在生产能力约束，那么当其产量超过其最大生产能力后，一般企业在短时间内很难扩大生产能力，或者扩大生产能力的成本较高，这使得其边际成本突然变大。当然，也会存在相反的情形，即随着生产规模的扩大，企业从某一时间点开始采用新技术，那么该技术的采用可能快速降低其边际成本。

在技术更新较快的行业，在采用新技术前后，企业的边际成本可能会发生较大变化。另外，处于成长期或衰退期的企业的边际成本也可能会发生变化。

现实中,边际成本发生变化的情形肯定还有很多种,这里不一一列举了。

(二) 边际成本可变对相关市场界定结果的影响

为了简化分析,假设备选市场上只有一种产品A,其边际成本在O点发生跳跃,如图4-3和图4-4所示。① 下面将考察这两种情形下,边际成本可变可能给相关市场界定结果带来什么影响。

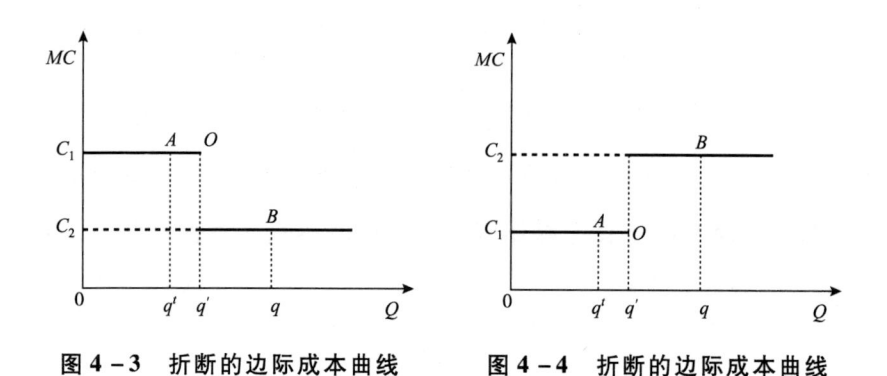

图4-3 折断的边际成本曲线　　图4-4 折断的边际成本曲线

为了使分析更加直观,也便于与需求曲线存在尖点的情形进行对比,这里也采用利润不变情形的临界损失分析来界定相关市场。

与需求曲线存在尖点的情形不同,边际成本发生变化并不影响实际损失,而影响临界损失,因为临界损失公式中的毛利润率是价格和边际成本的函数。

如图4-3所示,当边际成本由大变小时,如果误以为假定垄断者

---

① 在现实操作中,边际成本曲线大多数情形下是逐渐变大或逐渐变小的。为了简化分析,这里只考察这两种极端的情形。

的边际成本保持不变,那么将高估其边际成本,从而低估毛利润率,进而高估临界损失。由于实际损失独立于边际成本曲线,所以这种情形可能会界定出过窄的相关市场。

如图 4-4 所示,当边际成本由小变大时,如果误以为假定垄断者的边际成本保持不变,那么将低估其边际成本,从而高估毛利润率,进而低估临界损失。这种情形可能会界定出过宽的相关市场。

注意,在以上两种情形下,如果价格上涨前后,产品 A 的销量均不大于转折点 O 的销量,或者均不小于转折点 O 的销量,那么此时边际成本发生变化的问题并不会对相关市场界定带来任何后果。

(三) 基于推测变分技术的临界损失分析

目前学界很少有人关注边际成本发生变化的问题,也没有解决该问题的方法。本章借鉴需求曲线存在尖点问题的解决方法,尝试用推测变分法来解决边际成本发生变化的问题。

如图 4-3 和图 4-4 所示,假设边际成本曲线在 O 点发生折断。假设当前价格为 p,当前销量为 q。假设折断前的边际成本为 c_1,折断后的边际成本 c_2。通过前面章节的分析,实际损失公式独立于边际成本,所以边际成本发生变化的问题只影响临界损失。如果转折点不在价格上涨区间内,那么它将不会影响临界损失。因此,下面只考察转折点位于价格上涨区间内的情形,此时根据价格上涨前后假定垄断者的利润保持不变的假设,得到:

$$pq - [q'c_1 + (q-q')c_2] = [(1+t)p - c_1](q - \Delta q)$$

两边同除以 pq,并化简得到:

$$CL = \frac{t}{t + (1-\lambda)m_1 + \lambda m_2} \quad (4-3)$$

其中，$\lambda = (q - q')/\Delta q$，表示转折点靠近起始点的程度，$m_1$ 和 m_2 分别为转折点前后的毛利润率。

从（4-3）式可以看出，当 λ 接近于 1，即转折点远离分析起点时，临界损失主要取决于 c_2；当 λ 接近于 0，即转折点接近分析起点时，临界损失主要取决于 c_1。

由于实际损失独立于边际成本，所以它仍为：

$$AL = \eta t$$

根据临界损失分析的思想，当价格上涨区间内边际成本发生变化时，产品 A 构成相关市场的条件：

$$[t + (1 - \theta)m_1 + \theta m_2]\eta < 1 \quad (4-4)$$

同样，在实际操作中，如果无法获得或不能准确获得 θ 值，那么也可以通过情景分析，考察不同的 θ 值是否会导致相同的相关市场。如果答案为"是"，那么说明界定出的相关市场具有稳健性；如果答案为"否"，那么需要借助专业经验等额外信息来判断哪种取值下的相关市场更为合理。

三　备选市场上存在互补性产品

（一）备选市场上存在互补性产品的原因

由于范围经济的存在，经营者倾向于生产和销售多种产品。这些产品之间可能是相互替代的，也可能是互补的。比如，可口可乐公司生产的可乐、酷儿和茶研工坊之间就存在一定的替代性，而惠普打印机和惠普打印机专用墨盒之间就存在较强的互补性。

为了降低交易费用，避免违约风险，现在某些行业有纵向一体化趋势，有自己的原材料基地、生产车间和销售网络。以软饮料为例，目前汇源集团在全国拥有 100 多个果园和水果生产供应基地，20 多个果汁及果汁饮料制造厂，80 多条装瓶线，还拥有遍及全国的销售网络。这些纵向一体化企业的上下游产品之间也存在一定的互补性。

（二）备选市场上存在互补性产品对相关市场界定结果的影响

当并购一方或双方为多产品企业，且某些产品之间存在一定的互补性时，在相关市场的界定过程中，如果忽略了产品之间的互补性，那么这可能会带来严重的后果。

如果备选市场上存在互补品，那么这意味着备选市场上至少有两种产品。第三章已经表明，当备选市场上有两种及两种以上产品时，目前的临界损失分析、临界弹性分析和转移率分析的"利润不变"版都是失效的。因此，在分析备选市场上存在互补品的后果时，下面将采用假定垄断者测试的"可以获利"版来界定相关市场。

假设假定垄断者提供 3 种产品：产品 1、产品 2 和产品 3，其中产品 1 和产品 2 之间互为替代品，产品 1 和产品 3、产品 2 和产品 3 之间为互补品。进一步假设它们的需求函数和成本函数如下：

需求函数：

$$\begin{cases} q_1 = \alpha_0 - \alpha_1 p_1 + \alpha_2 p_2 - \alpha_3 p_3 \\ q_2 = \beta_0 + \beta_1 p_1 - \beta_2 p_2 - \beta_3 p_3 \\ q_3 = \gamma_0 - \gamma_1 p_1 - \gamma_2 p_2 - \gamma_3 p_3 \end{cases}$$

成本函数：

$$\begin{cases} C_1 = F_1 + c_1 q_1 \\ C_2 = F_2 + c_2 q_2 \\ C_3 = F_3 + c_3 q_3 \end{cases}$$

在价格上涨前，假定垄断者的利润函数为：

$$\pi = q_1(p_1 - c_1) - F_1 + q_2(p_2 - c_2) - F_2 + q_3(p_3 - c_3) - F_3$$

如果假定垄断者将产品1的价格提高 $t\%$，且在产品1的价格上涨区间内，3种产品的边际成本均保持不变，那么假定垄断者的利润函数将变为：

$$\pi^s = q_1^s[(1+t)p_1 - c_1] - F_1 + q_2^s(p_2 - c_2) - F_2 + q_3^s(p_3 - c_3) - F_3$$

其中，q_i^s 为产品1的价格上涨后第 i 种产品的销量。

根据假定垄断者测试的思想，当备选市场上有互补品时，产品1、产品2和产品3构成相关市场的条件为：

$$\frac{q_1}{p_1} > (t + m_1)\left(\alpha_1 - \frac{p_2}{p_1} m_2 \beta_1 + \frac{p_3}{p_1} m_3 \gamma_1\right) \qquad (4-5)$$

从（4-5）式可以看出，由于 $(p_3/p_1) m_3 \gamma_1$ 一般为正数，所以在相关市场界定过程中，如果忽略了产品3对产品1的互补性，那么可能会界定过窄的相关市场。确切地说，当产品1当前的销量价格比满足（4-6）式时，产品1、产品2和产品3实际上并不能构成相关市场，但如果忽略了产品3对产品1的互补性，则误以为它们可以构成相关市场：

$$(t + m_1)\left(\alpha_1 - \frac{p_2}{p_1} m_2 \beta_1\right) < \frac{q_1}{p_1} \leq (t + m_1)\left(\alpha_1 - \frac{p_2}{p_1} m_2 \beta_1 + \frac{p_3}{p_1} m_3 \gamma_1\right) \qquad (4-6)$$

如果假定垄断者将3种产品的价格均提高 $t\%$，且在价格上涨区间内，

3 种产品的边际成本均保持不变，那么假定垄断者的利润函数将变为：

$$\pi^u = q_1^u [(1+t)p_1 - c_1] - F_1 + q_2^u [(1+t)p_2 - c_2] - F_2 + q_3^u [(1+t)p_3 - c_3] - F_3$$

其中，q_i^u 为价格上涨后第 i 种产品的销量。

根据假定垄断者测试的思想，我们得到，当备选市场上有互补品时，产品 1、产品 2 和产品 3 构成相关市场的条件为：

$$q_1 - (t + m_1)\Delta q_1 + [q_2 - (t + m_2)\Delta q_2]\frac{p_2}{p_1} + [q_3 - (1 + m_3)\Delta q_3]\frac{p_3}{p_1} > 0 \tag{4-7}$$

其中，$\Delta q_1 = \alpha_1 p_1 - \alpha_2 p_2 + \alpha_3 p_3$，$\Delta q_2 = -\beta_1 p_1 + \beta_2 p_2 + \beta_3 p_3$，$\Delta q_3 = \gamma_1 p_1 + \gamma_2 p_2 + \gamma_3 p_3$。

由于很难确定（4-7）式中大于号左边最后一项的符号，所以单从(4-7)式，无法确定忽略产品 3 对产品 1 和产品 2 的互补性的后果。但是，在具体案例中，我们则可以检验忽略产品之间互补性的后果。

其实，在上述分析后果的过程中，我们已经给出了解决之道，那就是在假定垄断者的利润函数中包括互补品（如产品 3）。换句话说，在实际中，要依据（4-5）式（单一价格上涨方式）和（4-7）式（统一价格上涨方式）而不是第三章的（3-18）式和（3-22）来界定相关市场。

第二节　临界损失分析：一种新思路

当备选市场上有一种以上的产品时，如果采用临界分析方法界定相关市场，在"利润不变"版下，经常需要通过一个约束条件（利润不变方程）来求解一个以上的未知数，这显然是不可能的，因为一个方程最多只能解出一个未知数。也就是说，此时临界分析方法是失效的。这从侧面反映了现有文献在这一问题上都是错误的，学者们自觉或不自觉地在推导公式的过程中添加了额外的不现实的假设。在"利润最大化"版下，虽然可以通过求解利润最大化的一阶条件一次性求解出界定相关市场所需的所有数值。但是，当备选市场上的产品是对称的时，该情形将会失效。另外，在反垄断实践中，目前世界各种主要采用"利润不变"版的临界分析方法来界定相关市场。因此，为了解决上述临界分析方法"利润不变"版的使用问题，本节提出了一种新的临界分析思路。

一　单一价格上涨方式

像推导临界分析方法的临界值公式一样，将第三章的（3-33）式变形，得到如下方程：

$$[(t+m_1) - D_{21}m_2(p_2/p_1)](\Delta q_1^c/q_1) - t = 0$$

令 $T = [(t+m_1) - D_{21} \times m_2 \times (p_2/p_1)](\Delta q_1^c/q_1)$。从 T 的表达式可以看出，它是假定垄断者维持利润不变的转移率 D_{21}（简称临界转移率）的减函数，是临界损失的增函数。当临界转移率增大或临界损失减少，或者临界转移率增大且临界损失减少时，T 减小；反之，T 增大。由于 $T=t$ 时，假定垄断者的利润不变，所以当 $T>t$ 时，假定垄断者的涨价行为是无利可图的，这意味着此时的备选市场不构成相关市场；当 $T<t$ 时，假定垄断者的涨价行为是有利可图的，这意味着此时的备选市场为相关市场。因此，价格上涨后，如果假定垄断者的实

际转移率和实际损失能够满足（4-8）式，那么产品 1 和产品 2 将构成相关市场：

$$[(t+m_1) - d_{21}m_2(p_2/p_1)]\frac{\Delta q_1^s}{q_1} < 1 \qquad (4-8)$$

如果产品 1 和产品 2 是对称的，那么（4-8）式变为：

$$[t+(1+d_{21}m)]\frac{\Delta q_1^s}{q_1} < 1 \qquad (4-9)$$

注意，在推导（4-8）式的过程中，没有对临界损失和临界转移率作出任何假设，并且（4-8）式中不存在未知数，所以它具有可操作性。因此，当备选市场有多种产品时，在单一价格上涨方式下，应该采用该方法来界定相关市场，而不是传统的临界分析方法。

二 统一价格上涨方式

像推导临界分析方法的临界值公式一样，将第三章的（3-42）式变形，得到如下方程：

$$[(t+m_1) - d_{21}^c(t+m_2)(p_2/p_1)](\Delta q_1^c/q_1) - t/s = 0$$

其中，s 为产品 1 当前的销售额市场份额。

令 $T^u = [(t+m_1) - D_{21} \times (t+m_2) \times (p_2/p_1)](\Delta q_1^c/q_1)$。从 T^u 的表达式可以看出，它与 T 具有相同的单调性。基于与单一价格上涨方式相同的理论，得到统一价格上涨方式下产品 1 和产品 2 构成相关市场的条件：

$$s[(m_1+t) - d_{21}(m_2+t)(p_2/p_1)]\frac{\Delta q_1^u}{q_1} < t \qquad (4-10)$$

如果产品 1 和产品 2 是对称的，那么（4-10）式变为：

$$s[(1-d_{21})(m+t)]\frac{\Delta q_1^u}{q_1} < t \qquad (4-11)$$

同样，在推导（4-10）式的过程中，也没有对临界损失和临界转移率作出任何假设，（4-10）式也不含有未知参数，所以它也是可操作的。因此，当备选市场有多种产品时，在统一价格上涨方式下，应该采用此方法来界定相关市场，而不是传统的临界分析方法。

三　两种价格上涨方式之间的联系

在对称的条件下，由于从产品 1 到产品 2 的转移率 d_{21} 大于 0，产品 1 的当前市场份额要小于或等于 1，且统一价格上涨方式的实际损失一般小于单一价格上涨方式的实际损失，所以（4-11）式是（4-9）式的充分非必要条件，这意味着单一价格上涨方式下的相关市场可能要宽于统一价格上涨方式下的相关市场。具体来说，当给定的价格增长率 t 满足（4-12）式时：

$$s[(1-d_{21})(m+t)](\Delta q_1^u/q_1) < t \leq [t+(1-d_{21})m](\Delta q_1^s/q_1)$$
$$(4-12)$$

在单一价格上涨方式下，产品 1 和产品 2 不构成相关市场，而在统一价格上涨方式下，它们却构成相关市场。

在非对称的条件下，通过比较（4-8）式和（4-10）式，仍然可以得出相同的结论：单一价格上涨方式下的相关市场可能要比统一价格上涨方式下的相关市场要宽。具体来说，当给定的价格增长率 t 满足

(4-13) 式时：

$$s[(m_1+t)-d_{21}(m_2+t)(p_2/p_1)](\Delta q_1/q_1) < t \leq$$
$$[(t+m_1)-d_{21}m_2(p_2/p_1)](\Delta q_1/q_1) \qquad (4-13)$$

在单一价格上涨方式下，产品 1 和产品 2 不构成相关市场，而在统一价格上涨方式下，它们却构成相关市场。

本章小结

本章放松了第三章的三个假设，分别考察了需求曲线存在尖点和价格上涨区间内边际成本发生变化，以及备选市场上存在互补品时，它们将会给相关市场界定带来什么后果，并给出了相应的应对之策。研究表明：

第一，当需求曲线存在尖点时，如果需求曲线是折向原点的，那么可能会界定过宽的相关市场；如果需求曲线是折离原点的，那么可能会界定过窄的相关市场。

第二，当价格上涨区间内边际成本发生变化时，可能会界定过宽（边际成本由小变大）或过窄（边际成本由大变小）的相关市场。如果忽略了备选市场上产品之间的互补性，在单一价格上涨方式下，可能会界定过窄的相关市场，在统一价格上涨方式下，产生的后果因具体案例而定。

针对需求曲线存在尖点和价格上涨区间内边际成本可变时所带来的问题，本章提出了推测变分方法。对于备选市场上存在互补品时所带来的问题，一般只需要将互补品纳入假定垄断者的利润函数即可。

为了简化分析，本章在考察需求曲线存在尖点和边际成本发生变化时，只分析了备选市场只有一种产品的情形，仅采用了临界损失分析一种方法来界定相关市场。有兴趣的读者可以按照文中的思路分析备选市场上有多种产品的情形，也可以验证采用其他的相关市场界定方法是否会得到不同的结论。

第二篇 案例研究

第五章 相关市场界定的法律依据

《反垄断法》第十二条给出了"相关市场"的简要定义：相关市场是指经营者在一定时期内就特定产品或者服务（统称产品）进行竞争的产品范围和地域范围。为了提高执法工作的透明度和可操作性，2009年5月24日国务院反垄断委员会发布了《关于相关市场界定的指南》。这是目前中国反垄断审查中界定相关市场的法律依据。与美国不同的是，该指南适用于所有的反垄断案件，而不仅仅是经营者集中案件。[①]

《相关市场指南》第三条规定，在反垄断执法实践中，通常需要界定相关产品市场和相关地域市场。相关产品市场是指，根据产品的特性、用途及价格等因素，由需求者认为具有较为紧密替代关系的一组或一类产品所构成的市场。这些产品表现出较强的竞争关系，在反垄断执法中可以作为经营者进行竞争的产品范围。相关地域市场是指，需求者获取具有较为紧密替代关系的产品的地理区域。这些地域表现出较强的竞争关系，在反垄断执法中可以作为经营者进行竞争的地域范围。

《相关市场指南》第七条规定，界定相关市场的方法并不是唯一

[①] 目前美国界定相关市场的法律依据主要是《横向并购指南》（2010）和判例。对于非横向并购、滥用支配地位和垄断协议案件，美国并没有发布相应的指南。中国与欧盟类似，发布了专门的相关市场界定指南，且适用于所有的反垄断案件。

的，在反垄断执法实践中，可以根据实际情况，使用不同的方法。当经营者竞争的市场范围相对清晰或容易确定时，有关各方可以基于产品的特征、用途、价格等因素进行需求替代分析，必要时进行供给替代分析。当经营者竞争的市场范围不够清晰或不易确定时，有关各方可以按照"假定垄断者测试"的分析思路来界定相关市场。

《相关市场指南》第八、第九条规定，从需求替代角度界定相关市场时，一般需要考虑如下因素：①需求者因产品价格或其他竞争因素变化，转向或考虑转向购买其他产品或其他区域的证据；②产品的外形、特性、质量和技术特点等总体特征和用途；③产品之间的价格差异；④产品的销售渠道；⑤产品的运输成本和运输特征；⑥多数需求者选择产品的实际区域和主要经营者产品的销售分布；⑦地域间的贸易壁垒，包括关税、地方性法规、环保因素、技术因素等。任何因素在界定相关市场时的作用都不是绝对的，可以根据案件的不同情况有所侧重。

《相关市场指南》第十条规定，假定垄断者测试一般先界定相关产品市场。首先从反垄断审查关注的经营者提供的产品（目标产品）开始考虑，假设该经营者是以利润最大化为经营目标的垄断者（假定垄断者），那么要分析的问题是，在其他产品的销售条件保持不变的情况下，假定垄断者能否持久地（一般为1年）小幅（一般为5%～10%）提高目标产品的价格。目标产品涨价会导致需求者转向购买具有紧密替代关系的其他产品，从而引起假定垄断者销售量下降。如果目标产品涨价后，即使假定垄断者销售量下降，但其仍然有利可图，则目标产品就构成相关产品市场。如果涨价引起需求者转向具有紧密替代关系的其他产品，使假定垄断者的涨价行为无利可图，则需要把该替代产品增加到相关产品市场中，该替代产品与目标产品形成产品集合。

接下来分析，如果该产品集合涨价，假定垄断者是否仍有利可图。

如果答案是肯定的，那么该产品集合就构成相关产品市场；否则，还需要继续进行上述分析过程，直到假定垄断者可以通过涨价实现盈利，由此便界定出相关产品市场。

然后，采用类似的程序界定相关地域市场。

总的来说，目前中国有了界定相关市场的法律依据，这是可喜的进步。但是，相关的法律法规仍不健全，比如，《相关市场指南》中的假定垄断者测试属于第三章中的"可以获利"版，而"将会获利"版更符合经济理论。从第三章的分析中我们看出，基于假定垄断者测试"可以获利"版的临界分析方法在备选市场存在多种产品的情形下是失效的。另外，目前《相关市场指南》中的假定垄断者测试没有考察价格歧视，因此，我们建议尽快修订《相关市场指南》，完善相关市场界定的法律法规。

第六章 可口可乐拟并购汇源案

在统一的假设条件下,第三章和第四章考察了假定垄断者测试及其执行方法之间的联系,尝试构建一个相关市场界定方法的理论框架。我们知道,理论和现实是存在差距的。实践中应该如何来界定相关市场呢？这些常用方法在具体案例中又存在何种联系呢？本章将通过分析可口可乐拟并购汇源案例来着力回答上述问题。

可口可乐拟并购汇源案（以下简称汇源案）是目前商务部否决的唯一一起企业并购案,引起了国内外舆论界和学术界的广泛争论。相关市场是大家争论的焦点之一。经营者集中方认为,本案的相关市场应该是中国软饮料市场,甚至中国饮料市场,而不是商务部界定的中国果汁市场。王晓晔（2009）则认为,商务部界定的相关市场是合理的。可是,正反双方都没有提供可靠的定量证据来佐证他们的观点。本章将利用 2003~2007 年中国软饮料 4 位码行业的季度数据,通过估计需求系统,采用假定垄断者测试和临界损失分析等方法来界定本案的相关市场,尝试为本案的相关市场界定补充一些定量证据。

通过分析备受关注的可口可乐拟并购汇源案,本章旨在解答三个问题：①在具体案例中,如何界定相关市场,即界定相关市场的流程；②在具体案例中,第三章介绍的各种常用方法之间存在何种联系；③商务部界定的相关市场是否合理。

第一节　案件简介

2008年9月2日，美国可口可乐公司全资附属公司大西洋公司（以下简称可口可乐）以每股12.2港元的价格拟收购中国汇源果汁集团有限公司（以下简称汇源）100%的股权，该项交易约179.2亿港元，约合24亿美元。

可口可乐于1979年进入中国，目前是中国碳酸饮料行业的领导者。从2001年起，可口可乐在中国陆续推出了酷儿和美汁源两种果汁饮料。2007年，可口可乐在中国碳酸饮料和果汁市场的市场份额分别为60.6%和7.6%。[①] 汇源成立于1992年，是中国果蔬汁饮料最大的生产商之一，其主要产品包括100%果汁、26%~99%中浓度果汁和25%及以下浓度的果汁饮料。[②] 2007年，汇源在中国果汁市场的市场份额为5.6%，仅次于居首位的可口可乐。[③]

《国务院关于经营者集中申报标准的规定》第三条第（二）项规定，如果"参与集中的所有经营者上一会计年度在中国境内的营业额合计超过20亿元人民币，并且其中至少两个经营者上一会计年度在中国境内的营业额均超过4亿元人民币"，那么经营者应当事先向国务院商务主管部门申报，未申报的不得实施集中。2007年，可口可乐和汇源在中国境内的营业额分别达到91.2亿元人民币和25.9亿元人民币。

[①] 碳酸饮料数据来自姚坚（2009），果汁数据来自华通人（2008）。
[②] 北京华通人商用信息有限公司（2008），第36~38页。
[③] 北京华通人商用信息有限公司（2008），第30页。

因此，此项并购必须接受反垄断审查。

2008年9月18日，可口可乐向商务部递交了申报材料，随后按照商务部的要求又陆续补充了申报材料。2008年11月20日，商务部开始对此项申报进行立案审查。由于此项集中规模较大、影响复杂，30天后并购审查进入第二阶段。在此阶段，经过一番评估后，商务部认为此项并购完成后，可口可乐公司可能将其在碳酸饮料市场上的支配地位传导到果汁饮料市场，从而排除、限制果汁饮料市场的竞争。在与可口可乐就补救措施谈判未果后，商务部于2009年3月18日基于以下理由禁止了此项经营者集中申请：

第一，集中完成后，可口可乐有能力将其在碳酸饮料市场上的支配地位传导到果汁饮料市场，对现有果汁饮料企业产生排除、限制竞争效果，进而损害饮料消费者的合法权益。

第二，品牌是影响饮料市场有效竞争的关键因素，集中完成后，可口可乐通过控制"美汁源"和"汇源"两个知名果汁品牌，对果汁市场控制力将明显增强，加之其在碳酸饮料市场已有的支配地位以及相应的传导效应，集中将使潜在竞争对手进入果汁饮料市场的障碍明显提高。

第三，集中挤压了国内中小型果汁企业生存空间，抑制了国内企业在果汁饮料市场参与竞争和自主创新的能力，给中国果汁饮料市场有效竞争格局造成不良影响，不利于中国果汁行业的持续健康发展。

第二节　中国软饮料市场

鉴于可口可乐和汇源均处于软饮料市场，且软饮料和酒精饮料的功能之间存在巨大差异，我们可以初步判断本案的相关产品市场不应该比软饮料市场宽。在这一点上，我们相信大部分学者会同意这一观点。因此，在界定本案的相关市场之前，首先需要考察一下中国软饮料市场的竞争状况，以及软饮料行业的经济特征。

一 中国软饮料市场的竞争状况

《国民经济行业分类（2002）》将中国软饮料行业细分为碳酸饮料、果菜汁及果菜汁饮料（以下简称果汁）、瓶（罐）装饮用水（以下简称饮用水）、含乳饮料和植物蛋白饮料（以下简称蛋白质饮料）、固体饮料、茶饮料及其他软饮料（以下简称茶饮料）6个四位码行业。利用2007年中国规模以上工业企业数据，我们计算出中国软饮料四位码行业的市场集中度，如表6-1所示：

表6-1 2007年中国饮料行业的市场集中度

行业名称	CR1	CR2	CR3	HHI
碳酸饮料	57.10	80.45	84.03	3834
果汁	7.60	14.60	21.50	247
饮用水	44.95	54.01	57.87	2145
蛋白质饮料	21.04	31.63	41.90	798
固体饮料	64.61	77.78	79.87	4367
茶饮料	34.19	56.57	66.61	1863

资料来源：根据2007年中国工业企业数据整理计算所得。

从表6-1中可以看出，除果汁、蛋白质饮料外，中国软饮料市场的集中度较高，HHI指数均在1800以上。固体饮料和碳酸饮料市场的CR1、CR2和CR3均超过《反垄断法》第十九条推定市场支配地位的标准，也就是说，这两个细分市场已经存在具有支配地位的企业。

▶ 企业并购审查中的相关市场界定：理论与案例

在碳酸饮料市场上，2007年可口可乐和百事可乐占据了碳酸饮料80%以上的市场份额，第三大碳酸饮料供应商娃哈哈的市场份额不足5%。HHI指数为3834，市场集中度较高。另外，作为生产碳酸饮料的重要原料——浓缩液，目前基本由可口可乐和百事可乐提供。

虽然果汁市场的市场集中度较低，前4家企业的市场份额不足25%，但是在细分市场上市场集中度较高。在低浓度果汁市场上，据华通人（2008）统计，2008年可口可乐、统一企业、康师傅和汇源的市场份额（以销量计）分别为29.2%、22.6%、19.2%、7.4%，前4家企业的市场份额高达78.6%。在中高浓度果汁市场上，AC尼尔森的调查数据显示，2007年汇源果汁在国内纯果汁、中浓度果汁及果汁饮料市场上的占有率分别达42.6%、39.6%，均居各细分市场的首位。另外，海升、国投中鲁和安德利等企业的产品主要销往国外市场，比如安德利90%以上[①]的产品销往北美、欧洲和其他海外市场。这更加凸显了汇源在中高浓度果汁市场的领先地位。

饮用水市场是一个寡头市场。2007年共有390多家规模以上企业，其中娃哈哈一家独大，2007年的市场份额高达44.95%，远高于居次席的康师傅（9.06%），而第三名润田的市场份额仅有3.86%。

蛋白质饮料市场的竞争相对激烈。2007年共有170多家规模以上企业，其中娃哈哈、厦门银鹭和露露集团位居前三甲，它们2007年的市场份额分别为21.04%、10.59%和10.26%。

固体饮料市场的竞争程度相对较低，并且存在一定的市场分割。一方面，2007年前3家企业的市场份额相差较大，居首位的维维集团占

[①] 数据来源于北京华通人商用信息有限公司的《中国果菜汁及果菜汁饮料行业分析报告2008》。

有64.61%的份额，第二名雀巢集团的市场份额约为第一名的1/5（13.18%），第三名卡夫的市场份额仅有2.09%；另一方面，它们的产品差异相对较大，维维集团主营豆制品，雀巢集团主营咖啡产品，而卡夫集团则主营果汁产品。

茶饮料和其他饮料市场的市场集中度也较高，2007年前3家企业占有66.61%的市场份额，其中康师傅34.19%、加多宝集团（王老吉）22.38%和娃哈哈10.04%。

综合以上分析，我们认为，中国软饮料的某些细分市场上可能存在一定的竞争问题，比如本案涉及的碳酸饮料市场和果汁细分市场。

二 软饮料行业的经济特征

我们知道，无论采用何种方法来界定相关市场，事先我们都需要搞清楚涉案产品之间的替代关系，而行业经济特征是分析产品之间替代关系的关键。研究发现，软饮料行业具有如下经济特征。

（一）市场进入壁垒较高

首先，软饮料行业的广告投入较大。根据中国规模以上工业企业数据，2007年碳酸饮料、饮用水、果汁、蛋白质饮料、固体饮料、茶饮料的广告支出分别为19.57亿元、6.06亿元、7.55亿元、2.57亿元、2.48亿元和11.43亿元，分别占其主营业务收入的4.13%、1.84%、1.69%、1.34%、1.51%和4.14%，而2007年525个四位码行业（工业）的广告支出占主营业务收入的平均比重为0.25%。另外，2004～2007年6个软饮料四位码行业均位列前25个广告支出占比最高的行业，其中碳酸饮料一直位居前五名。

其次,销售网络建设成本高,周期长。一般来说,新进入企业要在初期投入大量的资金和时间来铺设自己的销售渠道,产生高额的沉没成本。

再次,存在显著的品牌效应。软饮料市场的技术门槛较低,同类产品之间的功能差异较小,消费者单从口感上很难判断它们的优劣。再加上,随着收入水平的提高,人们越来越重视健康。为了保证买到高品质的放心产品,人们越来越相信品牌是质量的保证。另外,人们的消费习惯也会加强品牌效应,比如,你习惯了雪碧的口味一般不会轻易购买七喜。

最后,软饮料行业的纵向一体化程度较高。由于软饮料行业的上下游关系比较紧密,为了降低成本和风险,大中型企业一般都有自己的原材料基地。比如,汇源在全国就有100多个果园和水果生产供应基地。可口可乐和百事可乐都有自己的浓缩液厂。

(二) 存在区域市场分割

由于软饮料主要成分是水,价值也不大,所以它的运输成本相对较高。为了降低运输成本,一般企业会在其主要经营区域内设立装瓶厂。为了防止装瓶厂之间存在竞争,总公司一般都规定每个装瓶厂的供应区域,从而形成区域市场分割的局面。截至2007年,可口可乐已在中国22个省市设有28家装瓶厂,1家浓缩液厂;百事可乐在中国16个省市设了19家装瓶厂,1家浓缩液厂;娃哈哈有6家子公司或合资公司,有非常可乐一个品牌。[①] 汇源在全国拥有20多个果汁及果汁饮料制造厂。

---

① 根据2007年中国工业企业数据整理计算而得。

（三）具有规模经济和范围经济

软饮料行业的规模经济性主要体现在：随着企业规模的不断扩大，企业可以引进先进的设备，提高生产效率；摊薄广告、销售人员费用等营销成本；增加企业的买方市场支配力，降低采购成本；等等。

由于许多软饮料产品都采用相同的原料，类似的生产流程，面对相同的消费者，所以企业的多产品战略会降低其固定成本，具有一定的范围经济性。

（四）软饮料消费是一种差异化需求

不同的消费者有不同的消费偏好，比如年轻人喜欢碳酸饮料，而老年人喜欢茶饮料；女性偏爱果汁类和乳类饮料，男性偏爱碳酸饮料和功能性饮料。另外，软饮料消费也具有区域差异化。比如，北京人喜欢喝咖啡，上海人喜欢喝茶，广东人则钟情于纯净水和矿泉水。[①]

（五）消费者有多重购买行为

为了满足消费者口味多元化需求，软饮料生产企业经常同时推出多种口味的同类产品。消费者在购买时也经常一次性购买多种口味，甚至多个品牌的产品，因为家庭成员（或聚会人员）可能有不同的口味偏好，即使同一个人也可能有口味多元化需求。Dube（2004）发现，约31%的购买行为是一次性购买多个品牌、多种口味的碳酸饮料产品。

---

① 艾瑞咨询公司的《中国饮料行业在线消费者调研报告（2009）》。

第三节　涉案产品

不管采用何种方法来界定相关市场，在界定相关市场之前，一般都必须明确相关产品的内涵。注意，这里的相关产品并不局限于最终界定出的相关市场上的产品，而是所有可能与案件有关的产品。为了避免混淆，这里称之为涉案产品。如果将产品界定过窄，具体操作过程中可能无法获得相应的数据，即使能获得这些数据，执法机构可能也没有充足的时间从单个产品开始界定相关市场。如果将产品界定过宽，那么即使只执行一次假定垄断者测试，也可能界定过宽的相关市场，因为起点的备选市场已经过宽。在本案中，如果将饮料产品界定为相关产品，显然它是过宽的。那么本案的涉案产品是什么呢？

首先，了解一下本案拟并购双方的主要产品。从品牌层次看，截至2007年年底，可口可乐在中国主要生产可口可乐、健怡可乐、雪碧、芬达和醒目5种碳酸饮料，美汁源和酷儿2种果汁饮料，雀巢冰爽茶和茶研工坊2种茶饮料，冰露、天与地和水森活3种饮用水，以及健康工坊和怡泉等其他产品；汇源的产品线也比较丰富，主要有汇源100%果汁系列、含有中浓度果汁的果肉系列、含有低浓度果汁的果汁饮料系列、复合果蔬汁全有系列和果汁醋系列，以及汇源红茶等茶饮料。[①] 从具体产品层次看，并购双方的产品有成千上万种，因为每种品牌都有多

[①] 近几年，汇源果汁又推出了许多新产品，如2008年推出核桃露等植物蛋白饮料，2009年推出果汁奶等乳饮料系列，2010年推出了果汁果乐（碳酸饮料）、圣水峪等饮用水。

种口味,每种口味又有多种包装。从行业层次看,它们都生产同一种产品——软饮料。

其次,了解中国软饮料行业的相关准则和行业分类标准。除了《国民经济行业分类》将中国软饮料行业细分为6个四位码行业外,《饮料通则》(2007)将饮料划分为碳酸饮料、果汁和蔬菜汁、蛋白饮料、包装饮用水、茶饮料、咖啡饮料、植物饮料、风味饮料、特殊用途饮料和固体饮料等11大类44小类。

综合以上分析,我们认为按软饮料四位码层次将涉案产品界定为碳酸饮料和果汁等6种产品比较合适。理由是:①没有必要将可口可乐和汇源生产的每种产品(比如1.5升雪碧)界定为涉案产品,因为不同包装(或口味)之间的同类产品之间具有较强的替代性;②虽然《饮料通则》的划分标准也比较合理,但是现实中我们很难获得相应的统计数据,缺乏可操作性;③《国民经济行业分类》的划分标准不仅产品范围与本案比较吻合,而且有比较详细的统计数据。

根据《国民经济行业分类》,碳酸饮料指在一定条件下充入二氧化碳气体的饮用品,其成品中二氧化碳气体的含量(20℃时的体积倍数)不低于2.0倍。果汁指以新鲜或冷藏水果和蔬菜为原料,经加工制得的果菜汁液制品,以及在果汁或浓缩果汁、蔬菜汁中加入水、糖液、酸味剂等,经调制而成的可直接饮用的饮品(果汁含量不低于10%)。饮用水指以地下矿泉水和符合生活饮用水卫生标准的水为水源加工制成的,密封于塑料瓶(罐)、玻璃瓶或其他容器中,不含任何添加剂,可直接饮用的水。蛋白饮料指以鲜乳或乳制品为原料(经发酵或未经发酵),加入水、糖液等调制而成的可直接饮用的含乳饮品;以及以蛋白质含量较高的植物的果实、种子或核果类、坚果类的果仁等为原料,在其加工制得的浆液中加入水、糖液等调制而成的可直接饮用的植物蛋白饮品。

固体饮料指以糖、食品添加剂、果汁或植物抽提物等为原料，加工制成粉末状、颗粒状或块状制品［其成品水分（质量分数）不高于5%］。茶饮料指未列入上述各类的茶饮料、特殊用途饮料等其他软饮料。

将涉案产品界定清楚后，下面就可以采用常用方法来界定本案的相关市场了。根据案件的复杂性和数据获取情况，一般可以从定性和定量两个角度来界定相关市场。在本案中，我们获取了2003~2007年中国软饮料四位码行业的消费数据，具备从定量角度界定相关市场的条件。因此，在界定相关市场之前，首先估计本案的需求系统，以获得后面界定相关市场所需的需求价格弹性信息。

第四节 需求系统的设定和估计

根据第三章的分析，需求系统的设定可能会影响最终的相关市场界定结果。在实践中，有关各方往往估计出不同形式的需求系统，从中挑选出拟合效果最好、最有利的需求函数形式，然后利用其信息来界定相关市场。

为了验证第三章所构建的相关界定方法的理论框架，在本案中我们将需求系统分别设定为线性和不变弹性两种形式。① 利用2003~2007年中国软饮料四位码行业的季度需求量和平均价格数据，估计涉案产品的线性和不变弹性需求函数。

---

① 在反垄断实践中，估计需求系统的主要目的是获取需求价格弹性。线性需求函数的需求价格弹性是可变的，而不变弹性需求函数的弹性是不变的，因此，我们所考察的这两种函数形式是具有代表性的。

一 需求系统的设定

由于只获得了碳酸饮料、果汁和饮用水的销售收入和产量数据，并且 2004 年经济普查后，规模以上饮用水生产商的构成变化较大①，使得 2004 年前后的数据可比性较差，再加上本案关注的焦点是碳酸饮料和果汁之间的替代关系和替代程度，所以这里只估计碳酸饮料和果汁的需求函数。

软饮料的需求量不仅受到软饮料价格的影响，还受到其他因素的影响。为此在需求函数中添加了居民可支配收入和季节因素 2 个控制变量。综合以上分析，将需求系统设定为：

线性需求系统：

$$qc = \lambda_0 + \lambda_1 pc + \lambda_2 pj + \lambda_3 income + \lambda_4 d_1 + \lambda_5 d_2 + \lambda_6 d_3 + \zeta \quad (6-1)$$

$$qj = \omega_0 \beta_0 + \omega_1 pc + \omega_2 pj + \omega_3 income + \omega_4 d_1 + \omega_5 d_2 + \omega_6 d_3 + \xi \quad (6-2)$$

不变弹性需求系统：

$$\ln qc = \alpha_0 + \eta_{cc} \ln pc + \eta_{cj} \ln pj + \alpha \ln income + \theta_1 d_1 + \theta_2 d_2 + \theta_3 d_3 + \tau$$
$$(6-3)$$

$$\ln qj = \beta_0 + \eta_{jc} \ln pc + \eta_{jj} \ln pj + \beta \ln income + \gamma_1 d_1 + \gamma_2 d_2 + \gamma_3 d_3 + \mu$$
$$(6-4)$$

其中，qc、pc 和 qj、pj 分别为碳酸饮料和果汁的需求量、价格，$income$ 为居民可支配收入，d_1、d_2、d_3 分别为表示第 1、2、3 季度的虚

---

① 在中国工业企业数据库中，2004 年年末有 301 家规模以上饮用水生产企业，其中 167 家是 2004 年新增的企业。

拟变量，ζ、ξ、τ 和 μ 为误差项。

二　数据

本章估计需求系统所采用的数据主要来源于中国产业分析平台、WTA 数据库和 CEIC 数据库，以及中国经济景气月报。

假设碳酸饮料和果汁的产销率与软饮料行业总体的产销率相同，用碳酸饮料和果汁的季度产量乘以软饮料行业的季度产销率，得到碳酸饮料和果汁的季度销量。由于软饮料的销量中包含出口部分，而国内软饮料的消费量中包含进口部分，为了估计国内碳酸饮料和果汁的需求函数，我们分别从碳酸饮料和果汁的销量中扣除了相应的净出口部分，得到碳酸饮料和果汁的国内需求量（见表6-2）。

表6-2　数据描述

变量	统计量			
	变量名	最大值	最小值	均值
碳酸饮料销量（吨）	qc	3572540	1052422	2010490
果汁销量（吨）	qj	2734415	504477	1510553
碳酸饮料价格（元/吨）	pc	5355.77	2491.30	3679.21
果汁价格（元/吨）	pj	5182.66	1806.60	3175.84
居民可支配收入（亿元）	income	29402.31	13423.98	20959.10

资料来源：作者整理所得。

由于获得的软饮料产量和销售收入数据的统计口径是规模以上工业企业，企业构成每年都在变化。2004年经济普查后，规模以上软饮料企业的构成发生了较大变化。为了使前后数据具有可比性，我们对

2003年、2004年的数据进行了调整。① 另外，2007年销售收入数据只有2月、5月、8月和11月的累计值，在换算为季度数据时，我们首先用2007年2月（5月、8月、11月）累计销售收入除以2003～2006年2月（5月、8月、11月）累计销售收入占3月（6月、9月、12月）累计销售收入的平均比重，得到2007年3月（6月、9月、12月）累计销售收入，然后计算相邻两个季度最后1个月的累计销售收入之差，得到2007年2季度、3季度、4季度的销售收入。然后，我们从销售收入中扣除碳酸饮料和果汁每季度的净出口额，得到它们的国内销售额。最后，用软饮料行业的PPI对国内销售额进行平减，得到碳酸饮料和果汁的销售额。

用碳酸饮料和果汁的销售额除以相应的需求量，得到碳酸饮料和果汁的平均价格。

我们首先分别用城市居民人均可支配收入和农村居民人均现金收入的季度数据乘以相应的年均人口数据，并将它们加总，得到季度的居民可支配收入。然后，用CPI对居民可支配收入进行平减，得到居民可支配收入。

三 估计结果

利用上述数据对（6-1）式～（6-4）式分别进行估计，估计结果如表6-3所示。

---

① 由于2004年的样本和2003年的样本相比变化较大，使得碳酸饮料、果汁的销售收入变化较大，而产量变化不大，进而使得它们的价格变化较大。为此，我们以2005年的销售收入和同比增长率数据，计算出2004年的销售收入；然后，结合2004年的同比增长率数据，计算出2003年的销售收入。销售收入同比增长率来源于《中国饮料行业分析报告》（2004年4季度、2005年4季度）。

表 6-3 需求系统的估计结果

变量	线性需求系统 qc	线性需求系统 qj	变量	不变弹性需求系统 lnqc	不变弹性需求系统 lnqj
pc	-209.93*** (-3.59)	50.48 (0.55)	lnpc	-0.4699*** (-4.24)	0.4256** (2.60)
pj	263.29*** (5.67)	-12.95 (-0.18)	lnpj	0.3182*** (4.14)	-0.5283*** (-4.66)
income	144.87*** (14.29)	173.25*** (10.90)	lnincome	1.3783*** (12.84)	2.1914*** (13.85)
d1	543489.40*** (7.11)	-71244 (-0.59)	d1	0.2956*** (7.42)	-0.0968 (-1.65)
d2	1533091.90*** (13.11)	1232068.02*** (6.72)	d2	0.7728*** (12.91)	0.7563*** (8.57)
d3	1704897.80*** (18.59)	968138.00*** (6.73)	d3	0.7912*** (16.97)	0.5797*** (8.43)
常数项	-2035065.20*** (-5.43)	-2797515.90*** (-4.76)	常数项	1.6211 (1.05)	-7.1941*** (-3.15)
样本量	20	20	样本量	20	20
调整 R^2	0.9577	0.9247	调整 R^2	0.9510	0.9670
F 统计量	72.71	39.88	F 统计量	62.43	93.74
DW 值	2.31	1.70	DW 值	1.93	1.68

注：括号内数字为 t 统计量。*** 表示 1% 的显著水平，** 表示 5% 的显著水平。

资料来源：本文模型的估计结果。

在线性需求系统下，利用表 6-3 中的相应数据，以及 2007 年四个季度的碳酸饮料和果汁的需求量和价格数据，得到碳酸饮料的季度自价格弹性为 -0.3135、-0.3454、-0.1991 和 -0.4645，果汁的季度自价格弹性为 -0.0152、-0.0161、-0.0140 和 -0.0142。碳酸饮料需求量对果汁价格的季度交叉价格弹性为 0.2402、0.3226、0.2178 和 0.4161，果汁需求量对碳酸饮料价格的季度交叉价格弹性为0.0967、0.0843、0.0626和-0.0142。

在反垄断执法实践中,一般用上一年度的数据进行经济分析,而我们估计的是季度需求系统,因此,我们需要将季度需求弹性转换为年度需求弹性。这里将季度需求弹性的算术平均值视为年度需求弹性。取上述季度自价格弹性和交叉价格弹性的平均值,得到在线性需求系统下,碳酸饮料和果汁的年度自价格弹性分别为-0.3306和-0.0149;碳酸饮料需求量对果汁价格的年度交叉弹性为0.2992,果汁需求量对碳酸饮料价格的年度交叉弹性为0.0802。

在不变弹性需求系统下,直接从表6-3的第5、6列中得到碳酸饮料和果汁的自价格弹性分别为-0.4699和-0.5283。碳酸饮料需求量对果汁价格的交叉价格弹性为0.3182,而果汁需求量对碳酸饮料价格的交叉价格弹性为0.4256。

第五节 相关市场界定

由于本案具备从定量角度界定相关市场的条件,理论上没有必要再从定性角度来界定相关市场。但是,为了更好地介绍在具体案例中界定相关市场的流程,下面分别从定性和定量两种角度来界定本案的相关市场。

在实际操作中,通常只需要选定一种相关市场界定方法,然后将案件中的相关数据代入第三章给出的相应的相关市场条件,便可界定出相关市场。为了考察常用方法在本案中的具体联系,下面将采用多种常用方法来界定本案的相关市场。

一　相关产品市场

(一) 替代性分析

《相关市场指南》第四条规定，相关市场范围的大小主要取决于产品（地域）的可替代程度。在市场竞争中对经营者行为构成直接和有效竞争约束的，是市场里存在需求者认为具有较强替代关系的产品，或能够提供这些产品的地域，因此，界定相关市场主要从需求者角度进行需求替代分析。当供给替代对经营者行为产生的竞争约束类似于需求替代时，也应考虑供给替代。下面将分别从需求替代和供给替代角度来界定本案的相关产品市场。

1. 需求替代分析

《相关市场指南》第五条规定，需求替代是根据需求者对产品功能用途的需求、质量的认可、价格的接受以及获取的难易程度等因素，从需求者的角度确定不同产品之间的替代程度。原则上，从需求者角度来看，产品之间的替代程度越高，竞争关系就越强，就越有可能属于同一个相关市场。

在本案中，从功能替代性角度看，作为非酒精饮料，碳酸饮料、果汁、饮用水、蛋白质饮料和茶饮料，以及固体饮料，在一定程度上都可以满足消费者补充水分、矿物质和维生素的需要。也就是说，它们在功能上是可以相互替代的。从产品特征上看，除固体饮料与其他软饮料的差别较大外，其他饮料一般都是即开即饮的，所以它们之间的替代性要大于它们与固体饮料之间的替代性。

从价格水平看，2003~2007年碳酸饮料的平均价格（3679.21元/吨）一直高于果汁的平均价格（3175.84元/吨），并且二者的相关系数较小，水平值的相关系数仅有 0.05，而取对数后的价格相关系数也不足 0.14。

上述实证结果也表明，碳酸饮料和果汁之间具有一定的替代性，但替代程度有限。两种需求系统下，最大的交叉弹性也只有 0.43，也就是说，当碳酸饮料的价格上涨时，只有少数的碳酸饮料消费者将会转而消费果汁；同样，当果汁的价格上涨时，从果汁转移到碳酸饮料的消费者也非常有限。因此，可以初步判断碳酸饮料和果汁将分处两个相关市场。

2. 供给替代分析

《相关市场指南》第六条规定，供给替代是根据其他经营者改造生产设施的投入、承担的风险、进入目标市场的时间（一般为一年）等因素，从经营者的角度确定不同产品之间的替代程度。原则上，其他经营者生产设施改造的投入越少，承担的额外风险越小，提供紧密替代产品越迅速，则供给替代程度就越高。

在本案中，虽然碳酸饮料和果汁产品同属于软饮料行业，但是它们的生产设备和生产流程差别较大。一般来说，生产碳酸饮料（果汁产品）的企业在短时间（一年）内很难转而生产果汁（碳酸饮料）。另外，软饮料行业的品牌效应较大。即使某碳酸饮料（果汁）企业从资金和技术上可以在短时间内成功提供果汁（碳酸饮料），供给替代品也无法有效约束原产品企业的涨价行为，因为品牌效应的存在使得供给替代品很难在短时间内被消费者认可。也就是说，短时间内供给替代品对原产品的替代程度有限。

如果一家新建立的企业或一家非软饮料行业的企业准备进入软饮料行业，那么它除了受到资金、技术和品牌效应的约束外，它还要花费大量的时间来铺设自己的销售渠道。因此，它们更不可能在短时间内对垄断行为产生有效约束。

综合以上分析,我们认为碳酸饮料和果汁分处两个相关产品市场。

(二) 假定垄断者测试

采取假定垄断者测试来界定相关市场,遇到的首要问题是如何选择起点。依据《相关市场指南》第十条,假定垄断者测试应从"反垄断审查关注的经营者提供的商品(目标商品)"开始。在本案中,一方面,可口可乐和汇源的重合业务包括果汁,它们并购后可能会损害果汁市场的竞争;另一方面,由于可口可乐在碳酸饮料市场上拥有市场支配地位[①],集中实施后,可口可乐可能将其在碳酸饮料市场上的支配力传导到果汁市场。这样,碳酸饮料和果汁均是相关市场界定的关注点。理论上,如果相关产品之间的替代是非对称的,那么不同的起点选择可能界定出不同的相关市场。因此,为了准确界定相关市场,下面将分别以碳酸饮料和果汁为起点进行假定垄断者测试。

1. 以碳酸饮料为起点

第三章第二节和第三节已经给出了各种情形下的相关市场条件,下面只需要将本案的相关数据代入相应的判断条件即可。

根据我们搜集整理的数据,2007 年碳酸饮料的销量和平均价格分别为 1039.6 万吨和 3768.02 元/吨。由于在反垄断实践中,一般很难获得假定垄断者的边际成本,所以在计算毛利润率时,通常采用公式 $m = (pq - cq)/pq = (R - C)/R$ 来近似计算,其中 R、C 分别为销售收入和可变生产成本。利用 2007 年碳酸饮料的平均销售收入和成

[①] 《反垄断法》第十九条规定,如果单个企业的市场份额超过 50%,那么可推定其具有市场支配地位。根据商务部公布的数据,2008 年可口可乐在中国碳酸饮料市场的份额为 60.6%。

本数据，我们近似得到碳酸饮料的毛利润率为 0.3。根据上述需求系统的估计结果，得到碳酸饮料的边际价格销量（即 α_1）为 209.93，两种需求系统下的自价格弹性分别为 -0.3306 和 -0.4699。另外，在反垄断实践中，价格增长率一般取 5%~10%，这里取 5% 和 10% 两种情景。

根据第三章第二节和第三节的分析：①由于碳酸饮料的自价格弹性的绝对值小于 1，所以在不变弹性需求系统下，本案无法采用假定垄断者测试"将会获利"版来界定相关市场；②比较来看，在线性需求系统下，假定垄断者测试"将会获利"版的相关市场条件最严格，也就是说，如果该条件得到满足，那么其他条件一定得到满足。因此，为了简化计算，首先考察该条件在本案中是否得到满足。将上述数据代入表 6-4 第二个判断条件，我们发现碳酸饮料的销量价格比（2759）远大于 $(2t+m_1)\alpha_1$（83.97 或 104.97），也就是说，该组判断条件均成立。根据相关市场是满足假定垄断者测试的最小市场原则，碳酸饮料市场可以单独构成相关产品市场，这意味着碳酸饮料和果汁分处两个相关产品市场。

表 6-4 假定垄断者测试的测试结果

需求系统	情形	判断条件	是否构成相关市场 $t=5\%$	是否构成相关市场 $t=10\%$
线性	"可以获利"版	$\frac{q_1}{p_1} > (t+m_1)\alpha_1$	是	是
线性	"将会获利"版	$\frac{q_1}{p_1} > (2t+m_1)\alpha_1$	是	是
不变弹性	"可以获利"版	$\eta_{11} < \frac{\ln(t+m_1)-\ln m_1}{\ln(1+t)}$	是	是
不变弹性	"将会获利"版	$1 < \eta_1 < \frac{1+t}{m_1+t}$	失效	失效

资料来源：作者根据第三章第二节和第三节的有关分析结果整理而得。

由于碳酸饮料市场已经构成相关产品市场，假定垄断者测试结束，所以也就没有必要考察备选市场上有多种产品的情形。

2. 以果汁为起点

当备选市场上只有一种产品时，选择不同的起点意味着将不同的数据代入表6-4中的判断条件。采用与上一小节类似的方法，得到本案果汁产品的相关数据（见表6-5）：

表6-5 以果汁为起点进行假定垄断者测试所需数据

项 目	销量（万吨）q_1	价格（元/吨）p_1	毛利润率 m_1	边际销量 α_1	自价格弹性 η_{11}
线 性	970.85	2816.28	0.2	12.95	-0.0149
不变弹性	970.85	2816.28	0.2		-0.5283

资料来源：作者计算整理所得。

同样，将上述数据代入表6-4第二个判断条件，我们发现，碳酸饮料的销量价格比（3447.28）远大于$(2t+m_1)\alpha_1$（3.89或5.18），也就是说，如果以果汁为起点来执行假定垄断者测试，该组判断条件也都成立。根据相关市场是满足假定垄断者测试的最小市场原则，果汁市场构成相关产品市场，这也表明碳酸饮料和果汁分处两个相关产品市场。

（三）临界分析方法

根据第三章第二节和第三节的分析，当备选市场上只有一种产品时，临界损失分析和假定垄断者测试的实质是相同的，而临界损失分析和临界弹性分析则有可能界定出不同的相关市场。另外，当备选市场上只有一种产品时，转移率分析失效。因此，下面主要考察临界损失分析和临界弹性分析在本案中的具体联系。

首先，将临界损失分析和临界弹性分析各种情形下的相关市场条件整理如表 6-6 所示：

表 6-6　临界损失分析和临界弹性分析的相关市场条件

需求系统	情形	判断条件 临界损失分析	判断条件 临界弹性分析
线性	"利润不变"版	$\dfrac{q_1}{p_1} > (t+m_1)\alpha_1$	$\dfrac{q_1}{p_1} > (t+m_1)\alpha_1$
线性	"利润最大化"版	$\dfrac{q_1}{p_1} > (2t+m_1)\alpha_1$	$m_1 < 1$
不变弹性	"利润不变"版	$\eta_{11} < \dfrac{\ln(t+m_1) - \ln m_1}{\ln(1+t)}$	$\eta_{11} < \dfrac{1}{t+m_1}$
不变弹性	"利润最大化"版	$1 < \eta_{11} < \dfrac{1+t}{m_1+t}$	$\eta_{11}\ln[\ln\eta_{11}(1-m_1)] - (\eta_{11}+1)\ln(\eta_{11}-1) + \ln[\eta_{11}^2 - (1-m_1)\eta_{11} - 1] > 0$

资料来源：作者根据第三章第二节和第三节的有关分析结果整理所得。

然后，考察它们在本案中的具体联系。由于两种需求系统下，临界损失分析和假定垄断者测试的相关市场条件是完全相同的，且前面已经验证不管以碳酸饮料还是以果汁为起点假定垄断者测试的相关市场条件均得到满足，所以这里只需要考察本案中临界弹性分析的相关市场条件是否得到满足。

在线性需求系统下，临界弹性分析"利润不变"版的相关市场条件与临界损失分析完全相同，无须验证；而其"利润最大化"版的相关市场条件一般也会得到满足，因为企业的毛利润率一般小于 1。

在不变弹性需求系统下，我们分别将碳酸饮料和果汁的相应数据代入临界弹性分析两种情形下的相关市场条件，我们发现：①不管以碳酸饮料还是以果汁为起点，临界弹性分析的"利润不变"版下的相关市场条件都成立；②由于碳酸饮料和果汁的自价格弹性均小于 1，所以不管以碳酸饮料还是以果汁为起点，临界弹性分析"利润最大化"版均失效。这一点与假定垄断者测试和临界损失分析相同。

综合以上分析,虽然临界损失分析和临界弹性分析的相关市场条件不同,但是在本案中它们将界定出相同的相关市场,这表明在具体案例中采用不同的相关市场界定方法可能会殊途同归。

二 相关地域市场

相关产品市场和相关地域市场是相关市场的两个维度。理论上无法分两步来界定相关产品市场和相关地域市场。回想一下,在估计本案的需求系统时我们采用的是全国的销量和价格。也就是说,我们在界定相关产品市场时已经默认相关地域市场为全国。或者假设碳酸饮料和果汁的需求分布在空间上是同质的。但是,在实践中,国际通行做法是先界定相关产品市场,然后再界定相关地域市场。依据国际惯例,接下来需要界定相关地域市场。

在本案中,我们界定了两个相关产品市场:碳酸饮料市场和果汁市场。因此,下面也需要界定两个相关地域市场,即碳酸饮料的地域市场和果汁的地域市场。

首先,界定碳酸饮料的相关地域市场。众所周知,可口可乐和百事可乐在全国范围内展开竞争。2007年可口可乐在全国23个省市拥有28家装瓶厂,百事可乐在全国16个省市拥有19家装瓶厂。[①] 也就是说,虽然碳酸饮料有很高的运输成本,生产商对装瓶厂有区域销售限制,但是在主要的销售区域(比如,北京、上海和广州等一线城市)内,两

[①] 根据2007年中国规模以上工业企业数据整理计算而得。这可能与可口可乐和百事可乐公司公布的数据不完全相同。不过,这不影响我们要说明的问题。

大碳酸饮料供应商都存在激烈的竞争。另外，软饮料行业的一大特点是批发商在软饮料销售中起着关键作用。虽然装瓶厂有区域销售限制，但是批发商不存在区域销售限制，这样，如果一个区域的价格出现上涨，批发商在利润的驱动下将会把一个区域的产品转移到另一个区域销售。综合以上分析，我们认为碳酸饮料的区域市场为全国。

其次，界定果汁的区域市场。虽然2007年汇源在全国也有19家关联公司，但是它们主要集中在北方，其中北京就有11家。而可口可乐基本上全国布局。鉴于果汁的运输成本也较高，以及汇源没有打开南方市场的事实，我们认为，果汁的区域市场为中国北方。准确地说，是汇源集团目前主要的供应区域。

上面从定性的角度界定了本案的相关地域市场。如果本案能获得相关产品的区域生产和消费数据，我们还可以采用假定垄断者测试、价格相关性检验等方法从定量的角度来界定本案的相关地域市场。

总的来说，在本案中，碳酸饮料的相关地域市场为全国，而果汁的相关地域市场为汇源集团所在的中国北方地区。商务部将果汁的相关地域市场界定为全国，这与本章的研究结果不太符合。另外，商务部没有明确指出碳酸饮料也是本案的相关产品市场，自然也就没有界定碳酸饮料的相关地域市场。

本章小结

本章通过分析备受关注的汇源案，着力回答了以下三个问题：

第一，在具体案例中，界定相关市场的流程。首先，从宏观上判断案件所处的行业，初步确定相关市场的外延，然后分析该行业的竞争状况和经济特征,为后面的相关市场界定作准备;其次,如果案件具备从定量角度界定相关市场的条件,那么在开始界定相关市场之前,需要先估计需求系统,或者通过其他定量方法获取所需的弹性信息;再次,从定性的角度,采用替代性分析方法界定相关市场,也可以从定量角度(如果条件允许的话),采用假定垄断者测试、临界损失分析和临界弹性分析等方法界定相关市场。

第二,常用界定方法在具体案例中存在何种联系。研究结果表明,①相关市场界定有殊途同归之妙。在本案中,无论采用假定垄断者测试、临界损失分析和临界弹性分析界定相关市场,我们都会得到相同的结论:碳酸饮料和果汁分处两个相关产品市场。②理论联系与现实联系可能是不同的。在第三章中,在不变弹性需求系统下,临界损失分析和临界弹性分析的相关市场条件是不同的,但是在本案中,它们得出相同的结论。

第三,本章的研究结果表明,商务部的相关市场结论基本上是合理的。具体来说,相关产品市场界定的实证结果支持了商务部的结论。但是,在果汁的相关区域市场上,我们并不认同商务部的果汁市场为全国市场的结论。

需要注意的是,软饮料行业的产品销售流程并不是企业直接销售产品给消费者,而是在二者之间多了批发和零售环节,这使得批发价和零售价之间存在一定的差额。在相关市场界定过程中,通常所说的价格是批发价格,而我们通常获得的是零售价格。因此,我们要充分认识到,用零售价格代替批发价格进行相关市场界定可能会产生一些问题。

此外,在本案中,假定垄断者测试和临界分析方法只进行一步就结束了,没有机会考察当备选市场上有多种产品时,如何来界定相关市场,以及此时常用界定方法之间的联系。这使得本章验证第三章结论的任务没有圆满完成,是本章的一个小小遗憾。

第七章 Oracle/Sun 并购案[*]

本章主要分析甲骨文并购太阳公司案的相关市场界定问题。通过对该案件的分析，我们想表明：①在混合并购案件中，通常需要界定至少两个相关市场：一个横向竞争的和一个纵向限制的；②当案件的数据较少，无法估计需求系统时，只要充分利用有限的信息，我们仍然可以相对科学地界定出相关市场；③只要重新认识免费产品的价格和成本概念，我们仍然可以采用假定垄断者测试等方法来界定包含它的相关市场。

第一节 案件简介

2009年4月19日，甲骨文（Oracle）和太阳（Sun）公司签署并购协议。根据合并协议和计划的条款，甲骨文将以每股9.50美元现金的价格收购太阳公司的全部流通股。本次交易约合7.4亿美元。

甲骨文是世界上领先的提供企业软件解决方案的企业，成立于

---

[*] 张昕竹研究员、谭国富教授和蔡洪滨教授等对本章做了较大贡献。非常感谢他们的宽宏大量，允许我在本书中无偿使用他们的劳动成果。

1977年。目前甲骨文在全球范围内主要从事企业应用软件、数据库管理系统软件、中间软件和相关服务的设计、开发、制造和销售。2008年的全球营业额约为224亿美元,在中国营业额为××亿元①。

太阳公司是全球领先的Unix操作系统服务器专用硬件的供应商,成立于1987年。目前在全球范围内主要从事网络计算产品的开发和包括服务器、存储、开源软件、服务和培训等在内的技术开发。这些业务主要分为三个商业领域：系统、IT服务和软件。2008年的全球营业额约为139亿美元,在中国营业额为××亿元②。

由于甲骨文和太阳公司都是大型跨国公司,并且目前多数国家的反垄断法都具有域外效力,所以此项并购需要得到多个国家反垄断执法机构的批准。下面主要介绍美国、欧盟和中国对此项并购的审查情况。③

美国的审查情况。由于担心并购实施后甲骨文可能会利用其对Java的控制权而排除或限制应用软件市场的竞争,美国司法部于2009年6月26日宣布并购审查进入第二阶段。经过近两个月的详细审查,美国司法部认为该项并购不会产生显著的反竞争效果,于2009年8月20日批准了此项并购申请。

欧盟的审查情况。2009年7月30日,欧盟收到甲骨文的并购申请。经过第一阶段的审查,欧盟怀疑此项并购会有损共同市场的竞争,于2009年9月3日宣布进入并购审查的第二阶段。经过进一步审查,欧盟

---

① 因涉嫌商业秘密,本书不能公布。但它超过了《国务院关于经营者集中申报标准的规定》的申报门槛。

② 因涉嫌商业秘密,本书不能公布。但它超过了《国务院关于经营者集中申报标准的规定》的申报门槛。

③ 土耳其和南非已经无条件批准了该项并购申请。

认为此项并购可能会损害数据库软件市场的竞争，于2009年11月9日发布了反对此项并购的声明。甲骨文对该声明有异议。2009年12月10~11日欧盟召开了听证会。会后，综合考虑各种因素，欧盟最终于2010年1月12日批准了该项并购。

中国的审查情况。2009年6月30日，甲骨文向中国商务部提交了并购申请。随后按照商务部的要求，甲骨文又多次补充申报材料。2009年11月之前商务部已经立案审查。最终，商务部无条件通过了该项并购申请。

第二节 相关产品

从并购双方的主要经营范围可以看出，本案并购双方主要在数据库软件、中间件、软件开发工具和IT服务4类产品上有重合。

数据库是包含存储数据的表或者阵列，按照存取数据的维数可分为关系型数据库和非关系型数据库。所谓关系型数据库，是指采用了关系模型来组织数据的数据库。简单来说，关系模型指的就是二维表格模型，而一个关系型数据库就是由二维表及其之间的联系组成的一个数据组织。它具有容易理解、使用方便、容易维护等优点。

近几年来，非关系型数据库在理论上得到了飞快的发展，例如网状模型、对象模型、半结构化模型等。网状模型拥有性能较高的优点，通常应用在对性能要求较高的系统中；对象模型符合面向对象应用程序的思想，可以完美地和程序衔接，而不需要另外的中间转换组件，例如现在很多的O\R Mapping组件；半结构化模型随着XML的发展而得到发展，现在已经有了很多半结构化的数据库模型。但是，凭借其理论的成熟、使用的便捷以及现有应用的广泛，目前的主流数据库仍为关系数据库。

数据库管理系统（以下简称数据库软件）用于管理数据库，负责组织、存储、分析和恢复原始数据和应用程序生成的数据。目前数据库软件供应商主要有甲骨文、IBM、微软和太阳等。甲骨文的数据库软件属于专有软件，其旗舰产品是 Oracle Database 11g，包括标准版 1、标准版、企业版、个人版和快捷版等多个版本，可以满足不同规模组织的业务和 IT 需求，并且可以在 Unix、Linux、Windows 和 Solaris 等多个操作系统上运行。IBM 的 DB2 是一款功能强大的专有数据库软件，可以跨平台运行。它有很多不同的版本，可以运行在从掌上产品到大型机等不同的终端上。微软的 SQL Server 是一款强大的专有数据库软件，目前最新版本为 SQL Server 2008，它只能在 Windows 下运行。太阳公司的 MySQL 是一种开源数据库软件，有社区版和企业版两个版本，目前最新版本为 5.1 版，可以在 20 多个平台上运行，其社区版可以从公司网站免费下载。其他数据库软件还有专有数据库软件 Sybase、开源数据库软件 PostgreSQL 和 Ingres 等。国产数据库软件有人大金仓、神舟 OSCAR 和达梦等，均是专有数据库软件。

中间件包含一系列软件解决方案，用于协调操作系统软件、应用程序软件和其他信息技术基础架构组件，被广泛用于连接软件组件及计算机系统。目前甲骨文和太阳公司主要在应用程序服务器、应用程序整合软件、业务流程管理软件等产品上有重叠。

软件开发工具主要指，用来创建或开发已存在软件解决方案的软件解决方案。当前甲骨文的 Oracle JDeveloper 与太阳公司的 Java NetBeans 之间存在竞争关系。

IT 服务由一系列专业服务组成，包括特定客户软件需求的初始认定，实现一个特定的软件系统，根据特定客户的需求修改系统到硬件和软件维护服务，以及提供给特定软件解决方案的服务等。目前甲骨文和太阳均提供这方面的服务。

除了以上4类重叠产品，太阳公司还拥有两项重要资产：①系统业务，包括服务器、桌面系统（工作站和瘦客户端）、存储解决方案的硬件和对半导体（主要是SPARC微处理器）的设计、供应组成的服务器（硬件），以及系统软件solaris；②Java（包括Java语言、Java规范与Java平台）知识产权。由于这些资产也是技术堆栈①的有机组成部分，也就是说，它们与4类重叠产品存在上下游关系。因此，它们也是本案的相关产品。

第三节 相关产品市场

由于本案的并购双方既有重叠产品，也有互补产品，所以此项并购应该属于混合并购。一般来说，混合并购至少涉及两个产品市场，一个是可能产生横向竞争影响的相关市场，另一个是可能产生纵向限制的相关市场。本节将主要介绍如何利用有限信息来界定本案的相关产品市场。

一 横向竞争的相关产品市场

本案的公开数据非常少，目前只从IDC的研究报告中获得2005~

---

① 技术堆栈是指客户部署应用软件的顺序。典型的技术堆栈包括硬件、操作系统、数据库软件、中间件、开发平台和企业应用系统6个层级。

2008年全球主要关系型数据库软件供应商的收入份额数据。由于缺乏相应的销售量数据,显然我们无法像可口可乐拟并购汇源案一样,估计出本案的需求系统。因此,我们需要考虑如何充分利用这些有限的信息来界定本案的相关产品市场。本案拟采用假定垄断者测试来界定相关市场。在进行假定垄断者测试之前,需要知道涉案产品之间的替代顺序。

(一) 需求替代顺序

本案主要关注的产品为甲骨文和太阳公司的数据库软件,且甲骨文的数据库软件具有相对较大的市场支配力。① 因此,下面将主要分析其他数据库软件对甲骨文数据库软件的替代顺序和替代程度。

由于数据限制,难以估计出数据库软件的需求系统,所以也就无法通过比较各种数据库软件之间的交叉价格弹性来直接判断它们之间的替代顺序。为了寻找替代模式的证据,我们考虑使用马尔科夫转移矩阵方法。

马尔科夫转移矩阵是一种转移概率矩阵,矩阵中的元素表示某产品的消费者下期购买本产品和竞争性产品的转移概率,其中客户本期购买本产品,下期购买其他产品的转换概率,可以理解为其他产品对本产品的替代,转移概率的大小就代表不同产品替代程度的大小。交叉弹性与转移概率的关系如下:

$$\eta_{ij} = \frac{\alpha_{ij} x_i}{x_j} \frac{1}{t}$$

---

① 据 IDC 统计,2007 年甲骨文数据库的收入市场份额为 44.31%,太阳公司 MySQL 的收入份额仅有 0.2%。

其中，η_{ij} 和 α_{ij} 分别为从产品 i 到产品 j 的交叉弹性和转移概率，x_i 和 x_j 分别为消费者在产品 i 和产品 j 上的总支出，t 为产品 i 的价格增长率。从上述公式可知，交叉弹性和转移概率成正比，即转移概率越大，交叉弹性越大。因此，我们可以用马尔科夫转移矩阵来验证数据库软件之间的替代模式。马尔科夫转移矩阵的计算公式如下：

$$X_{t+1} = X_t P$$

其中，X_t 和 X_{t+1} 分别为第 t 年和第 $t+1$ 年的市场份额，P 为马尔科夫转移矩阵。我们首先根据经验给 P 赋初值，然后利用历史数据对 P 进行校准，直到 P 和历史数据最为吻合。具体计算过程如下：

首先，根据经验给 P 赋初值：

$$P^0 = \begin{bmatrix} 甲骨文 & IBM & 微软 & 太阳 & 其他 \\ 0.8 & 0.09 & 0.06 & 0 & 0.04 \\ 0.16 & 0.7 & 0.09 & 0 & 0.05 \\ 0.14 & 0.08 & 0.72 & 0.01 & 0.05 \\ 0.2 & 0.06 & 0.06 & 0.6 & 0.08 \\ 0.19 & 0.05 & 0.05 & 0.01 & 0.7 \end{bmatrix} \begin{matrix} 甲骨文 \\ IBM \\ 微软 \\ 太阳 \\ 其他 \end{matrix}$$

其次，根据甲骨文、IBM、微软和太阳公司等主要数据库软件供应商 2005～2007 年在全球关系型数据库软件市场的收入份额（见表 7-1），对转移概率进行校准，校准公式如下：

$$\hat{X}_{2006} = X_{2005} P^0$$

$$\hat{X}_{2006} = X_{2005} P^1$$

$$\vdots$$

$$\hat{X}_{2007} = X_{2006} P^1$$

和

$$\hat{X}_{2007} = X_{2006}P^0$$

$$\hat{X}_{2006} = X_{2005}P^k$$

$$\vdots$$

$$\hat{X}_{2007} = X_{2006}P^k$$

最后,通过对比 2006 年和 2007 年主要数据库软件供应商估计的市场份额和实际市场份额,直到估计出的市场份额和实际的市场份额比较接近为止,最终得到如表 7-1 所示的估计结果:

表 7-1 2005~2007 年主要供应商的全球收入份额

单位:%

	2005 年	2006 年		2007 年	
	实际值	实际值	估计值	实际值	估计值
甲骨文	43.61	44.02	44.13	44.31	44.31
IBM	21.29	20.87	21.82	21.01	21.52
微软	16.67	18.26	17.73	18.49	18.82
太阳	0.11	0.20	0.15	0.20	0.20
其他	18.32	16.64	17.38	15.99	16.21

资料来源:根据 IDC2007 全球关系数据库市场份额计算所得。

此时的马尔科夫转移矩阵如表 7-2 所示:

表 7-2 马尔科夫转移矩阵

	甲骨文	IBM	微软	MySQL	其他
甲骨文	0.80	0.09	0.059	0.001	0.04
IBM	0.16	0.70	0.089	0.001	0.05
微软	0.14	0.069	0.74	0.001	0.05
MySQL	0.19	0.09	0.09	0.50	0.13
其他	0.19	0.10	0.05	0.001	0.749

资料来源:根据 IDC2007 全球关系数据库市场份额计算而得。

从表 7-2 可以看出，除自转移概率外，从甲骨文转移到 IBM 的概率最大，其次是微软、其他和 MySQL，也就是说，IBM 的数据库软件对甲骨文数据库软件的替代程度最大，其次是微软、其他和 MySQL。这些结果表明，其他关系型数据库软件供应商对甲骨文的替代顺序为 IBM、微软和太阳公司。另外，可以看出甲骨文数据库是 MySQL 的第一替代。

（二）假定垄断者测试

由于本案的反垄断审查主要关注的产品为甲骨文公司的数据库软件[1]，所以假定垄断者测试可以从甲骨文公司的数据库软件开始，或者可以将甲骨文数据库软件的某个版本界定为初始备选市场。但是，由于本案相关市场界定的焦点在于甲骨文和太阳公司的数据库软件是否处于同一相关市场，所以将初始备选市场界定为较窄的市场没有任何意义。

虽然从技术角度看，高中低端数据库软件之间的界限比较模糊；但从消费者的认知角度看，MySQL 与甲骨文、IBM 和微软的数据库软件之间还是存在一定差距的。如前所述，目前市场上高端关系型数据库软件供应商主要有甲骨文、IBM 和微软，虽然它们的产品在具体的功能、功能的打包、维护服务等方面存在一些差异，但从最终满足客户运行大型应用软件需求的角度讲，这些产品的功能比较类似，或者说替代性比较强。由于微软的 SQL server 是单平台的，只能在 Windows 操作系统环境下运行，对甲骨文的替代性稍弱。因此，为了快速准确界定相关产品市场，我们将跨平台的高端关系型数据库软件作为分析起点。

---

[1] 根据美国的并购指南，SSNIP 测试可以从并购双方的某种或某些产品出发。原则上，本案既可以甲骨文的数据库产品为 SSNIP 测试的起点，也可以太阳公司的数据库产品为起点。

1. 第一步：考察跨平台的高端关系型数据库软件是否构成相关市场

从满足客户运行大型应用软件的角度讲，微软的 SQL Server 可以在一定程度上替代甲骨文和 IBM 的数据库软件。虽然微软的 SQL server 数据库软件只能在 Windows 下运行，在一定程度上会影响其与甲骨文和 IBM 高端关系型数据库产品的替代性，但我们认为这种影响是有限的：

首先，在很多情况下，客户在购买应用软件时，可能会统一部署软件堆栈中不同层级的软件，因此会考虑操作系统的兼容性问题，也就是说，微软的数据库产品与甲骨文和 IBM 的产品存在事前竞争。

其次，操作系统的价格相对于数据库软件的价格来说很小，比如 Windows 7 旗舰版的价格只有 319.99 美元。[①] 而 2008 年甲骨文的 Oracle database 每个用户的许可费为 350 美元，每个处理量的许可费高达 17500 美元，每年的更新服务费用也有 3850 美元。因此，在客户购买数据库软件时，操作系统的影响因素比较小。

最后，在一定情况下，微软可以通过提供整体解决方案的策略，来与甲骨文和 IBM 展开竞争，这种销售策略客观上可以起到区别定价的作用，即对已经采用 Windows 操作系统的客户，索要相对较高的价格，而对其他操作系统客户，则索要相对较低的价格，以降低潜在用户的总成本，从而抢夺其他平台的潜在用户和已有用户。

由此可见，微软的数据库产品与甲骨文和 IBM 的高端产品具有较强的替代性。虽然高端产品的客户主要追求功能和质量，对价格相对不敏感，但是在功能和质量相同的情况下，客户对产品价格是敏感的。也

[①] 资料来源：http://news.newhua.com/news1/news/2009/626/09626961147CIAA5J91J831CAGAFHB2A3KH4BEE6F2A9E46KBDDB8C.html, 2009 - 12 - 19。

就是说，当假定垄断者将跨平台的高端关系型数据库软件的价格（包括许可费和更新服务费）以非暂时的、显著的方式小幅提高时，假定垄断者的大量潜在用户或现有用户将会转而购买单平台的高端数据库，如微软的 SQL server，因此假定垄断者不可能通过涨价而获利，所以我们应该将微软的 SQL server 等单平台的高端关系型数据库软件纳入备选市场，此时备选市场已扩展为高端关系型数据库软件。

2. 第二步：考察高端关系型数据库软件是否构成相关市场

在关系型数据库产品市场上，软件商提供多种维度上的差异化产品，而且高端和低端产品在功能上的差异不是离散的，而是连续的。也就是说，高低端产品之间的界限是模糊的，存在一定的灰色地带——中端关系型数据库软件。如果假定垄断者将高端关系型数据库软件的价格以非暂时的、显著的方式小幅提高，那么将可能有充分多的高端关系型数据库软件的边缘客户即中端客户，转而购买相对便宜的低端数据库软件供应商的产品，如 MySQL 企业版，使得假定垄断者无法通过涨价而获利。也就是说，高端关系型数据库软件很可能不构成本案的相关产品市场。因此，我们需要将备选市场进一步拓展到包括 MySQL 企业版在内的付费关系型数据库软件。

3. 第三步：考察付费关系型数据库软件是否构成相关市场

MySQL 是一款开源数据库软件，其免费版包括了基本数据库功能，但不包括增强功能和维护服务。但我们认为，免费版的 MySQL 仍与目标市场的产品形成一定的替代关系。作为开源软件，免费版 MySQL 具有开放[①]、可以满足个性化需求的特点，其客户主要为具有一定研发能

---

① 由于预先封装软件的功能越来越强大，软件包含的代码越来越复杂，其安全性和维护具有很大的不确定性，因此具有某些体验产品（experience good）的特征，存在很大的不确定性，开源软件在一定程度上满足这方面的需求。

力的软件开发商,或者追求成本节约和个性化需求的客户。实际上,可以将免费版 MySQL 与付费关系型数据库软件的替代关系比作毛坯房与精装修房子之间的替代。对于那些想节约成本,或者个性化需求比较高的买房人,首选肯定是毛坯房,而高端客户一般会倾向于选择精装修房。容易理解,这两者之间存在明显的替代关系:当精装修房子的相对价格上涨时,一些边缘客户就会转而考虑购买毛坯房,然后自己装修;反之,当毛坯房的相对价格上涨时,购房者就会考虑购买精装修房。对于数据库软件来说,如果 MySQL 企业版或其他软件产品的服务费较低,或者客户的个性化需求不强,他们就会做出"购买"选择,购买预先打包的数据库产品;而如果 MySQL 企业版或其他软件产品的服务费较高,或者客户的个性化需求很强,他们会直接选择"自己制造",通过选择免费许可方式(如公共产权许可 GPL),以免费或很低的价格得到 MySQL 免费版,在此基础上开发出符合自己个性需求的功能,或者自己维护数据库。

由此可见,如果假定垄断者将付费关系型数据库软件以显著而持久的方式小幅涨价,那么大量客户(如 MySQL 企业版的客户),可能会转用 MySQL 免费版或其他免费数据库软件,也就是说,付费关系型数据库软件市场的假定垄断者的涨价行为是无利可图的。为此,我们需要将备选市场进一步拓展为包括 MySQL 免费版在内的所有关系型数据库软件。

4. 第四步:考察关系型数据库软件是否构成相关市场

由于关系型数据库和非关系型数据库的技术差距较大,且目前 90% 以上的数据库为关系型数据库,因此非关系型数据库软件对关系型数据库软件的需求替代有限,也就是说,关系型数据库软件的假定垄断者可以通过以显著的、非暂时的方式小幅提价而获利。这意味着关系型数据库软件市场可以构成本案横向竞争的相关产品市场。

二 纵向限制的相关产品市场

界定纵向限制的相关市场是指定义具有上下游关系的相关市场。根据软件部署技术堆栈的关系，本次交易主要涉及 Java 与基于 Java 的软件产品构成上下游关系，更确切地讲，就是由于基于 Java 的软件开发需要获得 Java 知识产权的授权，因而 Java 与基于 Java 的软件产品形成上下游关系。另外，服务器、存储器等硬件产品和系统软件与数据库软件、中间件、应用软件和 IT 服务之间也存在一定的上下游关系。鉴于世界各国主要担心的是此项并购实施后甲骨文会利用对 Java 的控制权而排除、限制基于 Java 开发的应用软件市场的竞争，本小节主要界定与 Java 有关的相关市场。

（一）相关的上游产品市场

作为一种高级计算机编程语言（区别于可以为硬件所识别的机器语言），Java 的主要功能是编写计算机程序，用于执行旨在完成不同任务的一系列指令。一般来讲，不同的开发平台适用不同的计算机编程语言，所以我们首先把用于跨平台的高级计算机语言作为初始备选市场，其中包括 Java。

虽然 Java 可以跨平台，因而得到广泛应用，从而成为一种"事实标准"，但不同计算机语言有不同的特点，比如 Java 编译速度比较慢，而 C 或 C++的编译速度比较快，其他语言如 BASIC 和 FORTRAN 等，也在编译等方面有其自身的特点。由于这些不同特点的存在，在市场中存在基于不同计算机语言的开发环境，而不同的开发环境可以完成相同的任务，即软件开发，也就是说，其他高级计算机语言对于 Java 存在一定的替代，或者说存在"标准"之争。由于存在这种"标准"之争的约束，Java 的假定垄断者以显著和持久的方式小幅涨价可能将会无利可图，由此备选市场扩大为所有高级计算机语言。由于高级计算机语言与其他类别的软件有不同的功能，我们把相关的上游产品市场界定为所有高级计算机编程语言。

（二）相关的下游产品市场

据太阳公司统计，目前使用 Java 的设备有 50 亿台、电话 19 亿部和计算机 8 亿台，掌握 Java 的开发人员有 600 万人。由此可以推算基于 Java 的软件产品是非常庞杂的。这些产品的开发需要得到 Java 知识产权许可，特别是一些核心知识产权的授权，并且要满足 Java 规范或标准的测试，以便使自己的产品能贴上通过 Java 认证的标签。在本案中，甲骨文和太阳公司主要有数据库软件、软件开发工具、中间件和 IT 服务 4 类产品。由于这 4 类都与 Java 有一定联系，也就是说，此项并购实施后甲骨文都可能通过它对 Java 的控制权来排除、限制这 4 类产品中基于 Java 开发的细分产品市场的竞争。此外，考虑到供给替代的影响，基于其他开发语言的这 4 类产品对基于 Java 语言开发的同类产品具有较强的替代性，因此，我们将数据库软件、软件开发工具、中间件和 IT 服务 4 类产品市场界定为纵向限制的相关下游产品市场。

第四节 相关地域市场

基于以下理由，我们将本案的横向竞争影响的相关地域市场界定为全球市场①：

第一，数据库产品和服务的销售是全球性的，在数据库产品价格中，运输费用所占比例极少，甚至可以忽略不计。

第二，许多跨国公司都是集中购买许可，然后分配其全球各地的子公司。此外，很多企业委托咨询公司购买，而不必局限于本国的销售代理。

第三，虽然软件产业具有固定成本高、边际成本低的特点，但由于企业可以在全球采购数据库产品，也就是说，如果不同地区存在差价，那么企业就会从中套利，所以按照地区实行区别定价的可能性不大。

第四，数据库软件的解决方案一般都支持多国语言，因此语言不会影响产品的适用性。

第五，提供软件和 IT 服务不存在任何贸易或非贸易壁垒。中国对于计算机软件的进口关税为零。

如果假定垄断企业以显著和持久的方式小幅提高某个国家或地区的产品价格，基于上述原因，那么该国或地区的客户就会转到其他地方进行购买，因此提价是无利可图的，相关地理市场应扩展为全球关系型数据库市场。

基于与界定横向竞争的相关地域市场同样的理由，我们将纵向限制的相关地域市场也界定为全球市场。

本章小结

本章主要分析了甲骨文并购太阳公司案的相关市场界定问题。与可

---

① 本案中，无论是申报方，还是竞争对手，都对将相关地域市场界定为全球市场没有异议。

口可乐拟并购汇源案不同的是，本案是一项国际并购案。鉴于软件行业的特点，我们很难获得与本案相关的公开数据，所以也就无法通过估计需求系统来直接获取弹性等数据，从定量的角度来界定本案的相关市场，也无法考察各种方法在本案中的具体联系。

本案的另一个特点是它属于混合并购。这样，我们不仅需要界定可能产生横向竞争影响的相关市场，还要界定可能产生纵向限制的相关市场。在界定横向竞争的相关产品市场时，我们充分利用有限的数据，借用马尔科夫转移矩阵来考察主要数据库软件之间的替代顺序，然后采用假定垄断者测试从定性的角度界定相关产品市场。另外，我们粗略地界定了纵向限制的相关产品市场。

由于软件行业的运输成本较低、多国语言支持和全球销售战略等特点，我们将本案的相关地域市场界定为全球市场，与美国和欧盟的界定一致。

值得注意的是，软件行业通常会有一些免费产品（如各种开源软件），从表面上看这些产品的毛利润率为零，甚至为负数，因为开放和提供免费下载服务也是需要成本的，这使得现有方法无法界定包含免费产品的相关市场。事实上，"天下没有免费的午餐"，以本案涉及的社区版 MySQL 为例，下面来讨论一下免费产品的价格问题。

只要遵守软件使用协议，任何一个用户（消费者）均可以免费下载并使用 MySQL 软件。除了花费下载流量外，用户确实没有向太阳公司支付任何费用，这使人误以为 MySQL 是免费的。由于太阳公司对免费版的 MySQL 不提供技术支持服务，所以当你操作不当或 MySQL 本身的设计缺陷导致数据库崩溃时，你要单独承担由此给你带来的全部损失。因此，我们认为使用免费版的 MySQL 的预期损失就是其价格。由于每个用户发生事故的概率不同，每次事故产生的损失也各异，所以每个用户"购买"免费产品的价格是不同的,即它实际上是一种歧视价格。这样,风险厌恶者所"支付"的价格就高于风险偏好者"支付"的价格。随着该"价格"的提高,免费版的 MySQL 对付费版的 MySQL 的替代性将增加。理论上可以通过市场调查等手段获得使用免费版 MySQL 的预期损失,即平均价格。这样,我们就可以采用假定垄断者测试等通常方法来界定包括免费产品的相关市场。

参考文献

[1] Adelman, M. A., "The Antimerger Act, 1950-1960", *American Economic Review*, 1961, 51 (2), pp. 236-244.

[2] Adelman, M. A., "The Du Pont-General Motors Decision", *Virginia Law Review*, 1957, 43 (6), pp. 873-879.

[3] Andrews, P. W. S. and E. Brunneer, *Studies in Pricing*, London: Macmillan, 1975.

[4] Ardeni, P., "Does the Law of One Price Really Hold for Commodity Prices?", *American Journal of Agricultural Economics*, 1989, 71 (3), pp. 661-669.

[5] Areeda, P. E. and H. Hovenkamp, *Antitrust Law: An Analysis of Antitrust Principles and Their Application*, Boston: Little, Brown & Co, 1990.

[6] Areeda, P. E. and D. F. Turner, *Antitrust Law*, Boston: Little, Brown & Co., 1978.

[7] Aron, D. J. and D. E. Burnstein, "Regulatory Policy and the Reverse Cellophane Fallacy", *Journal of Competition Law and Economics*, 2010, 6 (4), pp. 973-994.

参考文献

[8] Ayres, I., "Rationalizing Antitrust Cluster Markets", *Yale Law Journal*, 1985, 95 (1), pp. 109 - 125.

[9] Bain, J., *Price Theory*, New York: John Wiley & Sons, 1952.

[10] Baker, J. B., "Steping Out in an Old Brown Shoe: In Qualified Praise of Submarkets", *Antitrust Law Journal*, 2001, 68, pp. 203 - 218.

[11] Baker, J. B., "Market Definition: An Analytical Overview", *Antitrust Law Journal*, 2007, 74, pp. 129 - 173.

[12] Baker, J. B. and T. Bresnahan, "Estimating the Residual Demand Curve Facing a Single Firm", *International Journal of Industrial Organization*, 1988, 6, pp. 283 - 300.

[13] Barnes, I. R., "Markets, Competition and Monopolistic Tendencies in Merger Cases", *Marquette Law Review*, 1956, 40 (2), pp. 141 - 166.

[14] Baumann, M. G. and P. E. Godek, "Could and Would Understood: Critical Elasticities and the Merger Guidelines", *Antitrust Bulletin*, 1995, 40 (4), pp. 885 - 899.

[15] Blair, R. D. and D. L. Kaserman, *Antitrust Economics* (2th ed.), New York: Oxford University Press, 2009.

[16] Boyer, K. D., "Industry Boundaries", in *Economic Analysis and Antitrust Law*, edited by T. Calvani and J. Siegfried, Boston: Little, Brown & Co., 1979, pp. 88 - 106.

[17] Boyer, K. D., "Is There a Principle for Defining Industries?", *Southern Economic Journal*, 1984, 50 (3), pp. 761 - 770.

[18] Boyer, K. D., "Is There a Principle for Defining Industries? Reply", *Southern Economic Journal*, 1985, 52 (2), pp. 542 - 546.

[19] Brenkers, R. and F. Verboven, "Market Definition with Differentiated Products – Lessons from the Car Market", *CEPR Discussion Papers*, 2005.

[20] Brooks, G. R., "Defining Market Boundaries", *Strategic Management Journal*, 1995, 16, pp. 535 – 549

[21] Brown Jr., G. W., "Relevant Geographic Market Delineation: The Interchangeability of Standards in Cases Arising under Section 2 of the Scherman Act and Section 7 of the Clayton Act", *Duke University School of Law*, 1979, 1979 (5), pp. 1152 – 1184.

[22] Carlton, D. W., "Using Economics to Improve Antitrust Policy", *Columbia Business Law Review*, 2004, 2, pp. 283 – 333.

[23] Carlton, D. W., "Market Definition: Use and Abuse", *Competition Policy International*, 2007, 3 (1), pp. 3 – 27.

[24] Cartwright, P. A., D. R. Kamerschen and Mei – ying Huang, "Price Correlation and Granger Causality Tests for Market Definition", *Review of Industrial Organization*, 1989, 4 (2), pp. 79 – 98.

[25] Chamberlin, E. H., *The Theory of Monopolistic Competition* (8th ed.), Cambridge: Harvard University Press, 1948.

[26] Chamberlin, E. H., "Product Heterogeneity and Public Policy", *American Economic Review*, 1950, 40 (2), pp. 85 – 92.

[27] Coate, M. B. and J. H. Fischer, "A Practical Guide to the Hypothetical Monopolist Test for Market Definition", *Journal of Competition Law and Economics*, 2008, 4 (4), pp. 1031 – 1063.

[28] Coate, M. B. and J. J. Simons, "Models, Mathematics and Critical Loss", Nov. 2009a, Available at SSRN: http://ssrn.com/

abstract = 1346067.

[29] Coate, M. B. and J. J. Simons, "Critical Loss vs. Diversion Analysis: Clearing up the Confusion", *The CPI Antitrust Jornal*, Dec. 2009b.

[30] Coate, M. B. and M. D. Williams, "Generalized Critical Loss for Market Definition", *Research in Law and Economics*, 2007, 22, pp. 41 - 58.

[31] Coate, M. B. and M. D. Williams, "A Critical Commentary on the Critical Comments on Critical Loss", *Antitrust Bulletin*, 2008, 53 (4), pp. 987 - 1025.

[32] Coe, P. J. and D. Krause, "An Analysis of Price - Based Tests of Antitrust Market Delineation", *Journal of Competition Law and Economics*, 2008, 4 (4), pp. 983 - 1007.

[33] Cournot, A., *Researches into the Mathematical Principles of the Theory of Wealth*, 1838, translated by N. T. Bacon, New York: Augutus M. Kelley, 1960.

[34] Daljord, O., "An Exact Arithmetic SSNIP Test for Asymmetric Products", *Journal of Competition Law and Economics*, 2009, 5 (3), pp. 563 - 569.

[35] Daljord, O. and L. Sorgard, "Single - Product versus Uniform SSNIPs", Feb. 2010, Available at SSRN: http://ssrn.com/abstract = 1554963.

[36] Daljord, O., L. Sorgard and O. Thomassen, "Market Definition with Shock Analysis", Dec. 2007, Available at SSRN: http://ssrn.com/abstract = 1550742.

[37] Daljord, O., L. Sorgard and O. Thomassen, "The SSNIP Test and Market Definition with the Aggregate Diversion Ratio: A Reply to Katz and Shapiro", *Journal of Competition Law and Economics*, 2008, 4

(2), pp. 1 - 8.

[38] Danger, K. L. and H. E. Frech III, "Critical Thinking about Critical Loss in Antitrust", *Antitrust Bulletin*, 2001, 46 (2), pp. 339 - 355.

[39] Dirlam, J. B. and I. M. Stelzer, "The Cellophane Labyrinth", *Antitrust Bulletin*, 1956, 1 (2), pp. 633 - 651.

[40] Dirlam, J. B. and I. M. Stelzer, "The 'Du Pont - General Motors' Decision: In the Antitrust Grain", *Columbia Law Review*, 1958, 58 (1), pp. 24 - 43.

[41] Dube, J. P., "Multiple Discreteness and Product Differentiation: Demand for Carbonated Soft Drinks", *Marketing Science*, 2004, 23 (1), pp. 66 - 81.

[42] Dunfee, T. W., L. W. Stern and F. D. Sturdivant, "Bounding Markets in Merger Case: Identifying the Relevant Competitors", *Northwest University Law Review*, 1984, 78, pp. 733 - 773.

[43] Edwards, C. D., *Maintaining Competition*, New York and London: McGraw - Hill Book Company Inc., 1949.

[44] Einav, L., Levin, J., "Empirical Industrial Organization: A Progress Report", *Journal of Economic Perspectives*, 2010, 24 (2): 145 - 162.

[45] Elzinga, K. G. and T. F. Hogarty, "The Problem of Geographic Market Delineation in Antimerger Suits", *Antitrust Bulletin*, 1973, 18 (1), pp. 45 - 81.

[46] Elzinga, K. G. and T. F. Hogarty, "The Problems of Geographic Market Delineation Revisited: The Case of Coal", *Antitrust Bulletin*, 1978, 23 (1), pp. 1 - 18.

[47] Emch, E. and S. T. Thompson, "Market Definition and Market Power in Payment Card Networks", *Review of Network Economics*, 2006, 5 (1), pp. 45 – 60.

[48] Evans, D. S., "The Antitrust Economics of Two – sided Markets", Nov. 2002, Available at SSRN: http://ssrn.com/abstract = 332022 or doi: 10.2139/ssrn.332022.

[49] Evans, D. S., "Two – Sided Market Definition", Nov. 2009, Available at SSRN: http://ssrn.com/abstract = 1396751.

[50] Farrell, J. and C. Shapiro, "Improving Critical Loss Analysis", *Antitrust Source*, Feb. 2008.

[51] Farrel, J. and C. Shapiro, "Antitrust Evaluation of Horizontal Mergers: An Economic Alternative to Market Definition", *The B. E. Journal of Theoretical Economics*, 2010a, 10 (1), Article 9.

[52] Farrel, J. and C. Shapiro, "Upward Pricing Pressure and Critical Loss Analysis: Response", *The CPI Antitrust Jornal*, Feb. 2010b.

[53] Filistrucchi, L., "A SSNIP Test for Two – sided Markets: The Case of Media", Oct. 2008, NET Institute Working Paper No. 08 – 34. Available at SSRN: http://ssrn.com/abstract = 1287442.

[54] Fisher, F. M., "Horizontal Mergers: Triage and Treatment", *Journal of Economic Perspectives*, 1987, 1 (2), pp. 23 – 40.

[55] Forni, M., "Using Stationarity Tests in Antitrust Market Definition", *American Law and Economics Review*, 2004, 6 (2), pp. 441 – 464.

[56] Froeb, L. M. and G. J. Werden, "Residual Demand Estimation for Market Delineation: Complications and Limitations", *Review of Industrial Organization*, 1991, 6 (1), pp. 33 – 48.

[57] Froeb, L. M. and G. J. Werden, "The Reverse Cellophane Fallacy in Market Delineation", *Review of Industrial Organization*, 1992, 7, pp. 241 – 247.

[58] Gaynor, M., S. Kleiner and W. B. Vogt, "A Structural Approach to Market Definition: An Appication to Hospital Industry", Carnegie Mellon University Working Paper, 2006.

[59] Genesove, D., "Comment on Forni's 'Using Stationarity Tests in Antitrust Market Definition'", *American Law and Economics Review*, 2004, 6 (2), pp. 476 – 478.

[60] Gesell, Gerhard A., "Legal problems Involved in Proving Relevant Markets", *Antitrust Bulletin*, 1957, 2, pp. 463 – 478.

[61] Giffin, P. E. and J. W. Kushner, "Market Definition in Antitrust Analysis: Comment", *Southern Economic Journal*, 1982, 49 (2), pp. 559 – 563.

[62] Hale, G. E. and R. D. Hale, "A Line of Commerce Market Definition in Anti – Merger Cases", *Iowa Law Review*, 1966, 52 (2), pp. 406 – 431.

[63] Hall, G. R. and C. F. Pillips, "Antimerger Criteria: Power, Concentration, Foreclosure and Size", *Villanova Law Review*, 1964, 9, pp. 211 – 232.

[64] Harris, B. C., "Recent Observations about Critical Loss Analysis", Nov. 2002, http://www.justice.gov/atr/public/workshops/docs/202599.htm.

[65] Harris, R. G. and T. M. Jorde, "Market Definition in the Merger Guidelines: Implications for Antitrust Enforcement", *California Law*

Review, 1983, 71 (2), pp. 464 – 496.

[66] Harris, R. G. and T. M. Jorde, "Antitrust Market Definition: An Integrated Approach", *California Law Review*, 1984, 72 (1), pp. 1 – 67.

[67] Harris, B. C. and J. J. Simons, "Focusing Market Definition: How Much Substitution is Necessary?", *Research in Law and Economics*, 1989, 12, pp. 207 – 226.

[68] Hausman, J. A., G. K. Leonard and C. A. Vellturo, "Market Definition under Price Discrimination", *Antitrust Law Journal*, 1996, 64, pp. 367 – 386.

[69] Hay, G. A. and G. J. Werden, "Horizontal Mergers: Law, Policy and Economics", *American Economic Review*, 1993, 83 (2), pp. 173 – 177.

[70] Higgins, R. S., D. R. Kaplan and M. J. Mcdonald, "Residual Demand Analysis of the Carbonated Soft Drink Industry", *Empirica*, 1995, 22, pp. 115 – 126.

[71] Horowitz, I., "Market Definition in Antitrust Analysis: A Regression – Based Approach", *Southern Economic Journal*, 1981, 48 (1), pp. 1 – 16.

[72] Horowitz, I., "Market Definition in Antitrust Analysis: Reply", *Southern Economic Journal*, 1982, 49 (2), pp. 564 – 566.

[73] Hosken, D. and C. T. Taylor, "Discussion of 'Using Stationarity Tests in Antitrust Market Definition'", *American Law and Economics Review*, 2004, 6 (2), pp. 465 – 475.

[74] Hubbard, R. L., "Potential Production: A Supply Side Approach for Relevant Poduct Market Definitions", *Fordham Law Review*, 1980, 48, pp. 1199 – 1225.

[75] Huschelrath, K., "Critical Loss Analysis in Market Definition and Merger Control", *European Competition Journal*, 2009, 5 (3), pp. 757 – 794.

[76] Jones, B. J., "The Brown Shoe Case and the New Antimerger Policy: Comment", *American Economic Review*, 1964, 54 (4), pp. 407 – 412.

[77] Kamerschen, D. R., "Testing for Antitrust Market Definition under the Federal Government Guidelines", *Journal of Legal Economics*, 1994, 4 (1), pp. 1 – 10.

[78] Kamerschen, D. R. and J. Kohler, "Residual Demand Analysis of the Ready – to – eat Breakfast Cereal Market", *Antitrust Bulletin*, 1993, 38 (4), pp. 903 – 942.

[79] Kaplow, L., "Market Definition and the Merger Guidelines", *Review of Industrial Organization*, 2011, 39 (1 – 2), pp. 107 – 125.

[80] Karsh, B. A., "The Role of Supply Substitutability in Defining the Relevant Product Market", *Virginia Law Review*, 1979, 65 (1), pp. 129 – 151.

[81] Kate, A. T. and G. Niels, "The Relevant Market: A Concept Still in Search of a Definition", *Journal of Competition Law and Economics*, 2009, 5 (2), pp. 297 – 333.

[82] Kate, A. T. and G. Niels, "The Concept of Critical Loss for a Group of Differentiagted Products", *Journal of Competition Law and Economics*, 2010, 6 (2), pp. 321 – 333.

[83] Katz, M. and C. Shapiro, "Critical loss: Let's tell the whole story", *Antitrust*, 2003, 17 (2), pp. 49 – 56.

[84] Katz, M. and C. Shapiro, "Further Thoughts on Critical Loss", *An-

titrust Source, Mar. 2004.

[85] Keyes, L. S., "The Bethlehem - Youngstown Case and the Market - Share Criterion", *American Economic Review*, 1961, 51 (4), pp. 643 - 657.

[86] Keyte, J. A., "Market Definition and Differentiated Products: The Need for a Workable Standard", *Antitrust Law Journal*, 1995, 63, pp. 697 - 748.

[87] Kokkoris, I., "Critical Loss Analysis: Critically Ill?", *European Competition Law Review*, 2005, 26 (9), pp. 518 - 525.

[88] Kwast, M. L., M. Starr - McCluer and J. D. Wolken, "Market Definition and the Analysis of Antitrust in Banking", *Antitrust Bulletin*, 1997, 42 (4), pp. 973 - 995.

[89] Langenfeld, J. and W. Li, "Critical Loss Analysis in Evaluating Mergers", *Antitrust Bulletin*, 2001, 46 (2), pp. 299 - 337.

[90] Lerner, A. P., "The Concept and Measurement of Monopoly Power", *Review of Economic Studies*, 1934, 1 (3), pp. 157 - 175.

[91] Machlup, F., *The Political Economy of Monopoly*, Baltimore: Johns Hopkins Press, 1952.

[92] Markham, J. W., "The Du Pont - General Motors Decision", *Virginia Law Review*, 1957, 43 (6), pp. 881 - 888.

[93] Marshall, A., *Principles of Economics*, New York: the Macmillan Co., 1959.

[94] Martin, D. D., "The Brown Shoe Case and the New Antimerger Policy", *American Economic Review*, 1963, 53 (3), pp. 340 - 358.

[95] Martin, D. D., "The Brown Shoe Case and the New Antimerger Policy:

Reply", *American Economic Review*, 1964, 54 (4), pp. 413 – 415.

[96] Mason, E. S., "The Current Status of the Monopoly Problems in the United States", *Harvard Law Review*, 1949, 62 (8), pp. 1265 – 1285.

[97] Massey, P., "Market Definition and Market Power in Competition Analysis: Some Practical Issues", *The Economic and Social Review*, 2000, 31 (4), pp. 309 – 328.

[98] Mathis, S. A., D. G. Harris and M. Boehlje, "An Approach to the Delineation of Rural Banking Markets", *American Journal of Agricuhural Economics*, 1978, 60, pp. 601 – 608.

[99] Moresi, S. X., S. C. Salop and J. R. Woodbury, "Implementing the Hypothetical Monopolist SSNIP Test with Multi – Product Firms", *Antitrust Source*, Feb. 2008.

[100] Motta, M., *Competition Policy: Theory and Practice*, New York: Cambridge University Press, 2004.

[101] Mueller, W. F. and K. J. O'Connor, "The 1992 Horizontal Merger Guidelines: A Brief Critique", *Review of Industrial Organization*, 1993, 8 (2), pp. 163 – 172.

[102] Nelson, P. B. and L. J. White, "Market Definition and the Identification of Market Power in Monopolization Cases: A Critique and a Proposal", Nov. 2003, Available at SSRN: http://ssrn.com/abstract = 1292646.

[103] Nightingale, J., "On the Definition of 'Industry' and 'Market'", *Journal of Industrial Economics*, 1978, 27 (1), pp. 31 – 40.

[104] Noel, M. D. and D. S. Evans, "Analyzing Market Definition and Power in Multi – sided Platform Markets", Oct. 2005, Available at

SSRN: http://ssrn.com/abstract = 835504.

[105] Notes, "The Market: A Concept in Anti-Trust", *Columbia Law Review*, 1954, 54 (4), pp. 580-603.

[106] O'Brien, D. P. and A. L. Wickelgren, "A Critical Analysis of Critical Loss Analysis", *Antitrust Law Journal*, 2003, 71, pp. 161-184.

[107] Ordover, J. A. and R. D. Willig, "The 1982 Department of Justice Merger Guidelines: An Economic Assessment", *California Law Review*, 1983, 71 (2), pp. 535-574.

[108] Peterman, J. L., "The Brown Shoe Case", *Journal of Law and Economics*, 1975, 18 (1), pp. 81-146.

[109] Pitofsky, R., "New Definitions of Relevant Market and the Assault on Antitrust", *Columbia Law Review*, 1990, 90 (7), pp. 1805-1864.

[110] Pittman, R. W. and G. J. Werden, "The Divergence of SIC Industries from Antitrust Markets: Indications from Justice Department Merger Cases", *Economics Letters*, 1990, 33 (3), pp. 283-286.

[111] Posner, R. A., *Antitrust Law: An Economic Perspective*, Chicago: Universtiy of Chicago Press, 1976.

[112] Reycraft, G. D., "Recent Developments under the Sherman Act and Clayton Act and Other Aspectsof the Program of the Antitrust Division", *Antitrust Bulletin*, 1960, 5, pp. 395-418.

[113] Robinson, J., "The Industry and the Market", *Economic Journal*, 1956, 66 (262), pp. 360-361.

[114] Robinson, J., *The Economics of Imperfect Competition* (2th ed.), London: Macmillan, 1969.

[115] Sabbatini, P., "The Concept of Market and Antitrust", Jan. 2000,

Available at SSRN: http://ssrn.com/abstract = 182468 or doi: 10.2139/ssrn.182468.

［116］ Sabbatini, P., "The Cellophane and Merger Guidelines Fallacies Again", May 2001, Available at SSRN: http://ssrn.com/abstract = 271113 or doi: 10.2139/ssrn.271113.

［117］ Schaerr, G. C., "The Cellophane Fallacy and the Justice Department's Guidelines for Horizontal Mergers", *Yale Law Journal*, 1985, 94 (3), pp. 670 – 693.

［118］ Scheffman, D. T., "Ten years of Merger Guidelines: A Retrospective, Critique, and Prediction", *Review of Industrial Organization*, 1993, (8), pp. 173 – 189.

［119］ Scheffman, D. T., M. B. Coate and L. Silvia, "Twenty Years of Merger Guidelines Enforcement at the FTC: An Economic Perspective", *Antitrust Law Journal*, 2003, 71, pp. 277 – 318.

［120］ Scheffman, D. T. and J. J. Simons, "The State of Critical Loss Analysis: Let's Make Sure We Understand the Whole Story", *Antitrust Source*, Nov. 2003.

［121］ Scheffman, D. T. and P. T. Spiller, "Geographic Market Definition under the US Department of Justice Merger Guidelines", *Journal of Law and Economics*, 1987, 30, pp. 123 – 147.

［122］ Scheffman, D. T. and P. T. Spiller, "Econometric Market Delineation", *Managerial and Decision Economics*, 1996, 17 (2), pp. 165 – 178.

［123］ Schmalensee, R., "Horizontal Merger Policy: Problems and Changes", *Journal of Economic Perspective*, 1987, 1 (2), pp. 41 – 54.

［124］ Sherwin, R. A., "Comments on Werden and Froeb – Correlation,

Causality, and all that Jazz", *Review of Industrial Organization*, 1993, 8, pp. 355 – 358.

[125] Shrieves, R., "Geographic Market Areas and Market Structure in the Bituminous Coal Industry", *Antiturst Bulletin*, 1978, 23, pp. 589 – 625.

[126] Slade, M. E., "Exogeneity Tests of Market Boundaries Applied to Petroleum Products", *Journal of Industrial Economics*, 1986, 34 (3), pp. 291 – 303.

[127] Spiller, P. T. and C. J. Huang, "On the Extent of the Market: Wholesale Gasoline in the Northeastern United States", *Journal of Industrial Economics*, 1986, 35 (2), pp. 131 – 145.

[128] Stigler, G. J., *The Theory of Price*, New York: the Macmillan Co., 1970.

[129] Stigler, G. J., "The Economists and the Problem of Monopoly", *American Economic Review*, 1982, 72 (2), pp. 1 – 11.

[130] Stigler, G. J. and R. A. Sherwin, "The Extent of the Market", *Journal of Law and Economics*, 1985, 28 (3), pp. 555 – 585.

[131] Stocking, G. W. and W. F. Mueller, "The Cellophane Case and the New Competition", *American Economic Review*, 1955, 45 (1), pp. 29 – 63.

[132] Stocking, G. W., "Economic Tests of Monopoly and the Concept of the Relevant Market", *Antitrust Bulletin*, 1957, 2, pp. 479 – 493.

[133] Stocking, G. W., "The Du Pont – General Motors Case and the Sherman Act", *Virginia Law Review*, 1958, 44 (1), pp. 1 – 40.

[134] Strand, N., "A Simple Critical Loss Test for the Geographical Mar-

ket", *Journal of Competition Law and Economics*, 2006a, 2 (4), pp. 697 – 707.

[135] Strand, N., "A Simple Critical Loss Test for the Geographical Market: Corrigendum", *Journal of Competition Law and Economics*, 2006b, 3 (2), 307 – 308.

[136] Sullivan, L. A., *Handbook of the Law of Antitrust*, Salt Lake City: West Publishing Company, 1977.

[137] Sullivan, M. W., "The Role of Marketing in Antitrust", *Journal of Public Policy & Marketing*, 2002, 21 (2), pp. 247 – 249.

[138] Than, C. L. A. I. and J. Arithmetic, "The State of Critical Loss Analysis: Reply to Scheffman and Simons", *Antitrust Source*, Mar. 2004.

[139] The Task Force, "Report of the Task Force on Productivity and Competition", *Journal Reprints for Antitrust Law and Economics*, 1969, 1, pp. 829 – 881.

[140] Thompson, D., "The Brown Shoe Case", *International and Comparative Law Quarterly*, 1963, 12 (1), pp. 304 – 312.

[141] Tirole, J., *The Theory of Industrial Organization*, Cambridge Mass: The MIT Press, 1988.

[142] Turner, D. F., "Antitrust Policy and the Cellophane Case", *Harward Law Review*, 1956, 70 (2), pp. 281 – 318.

[143] Turner, D. F., "The Role of the 'Market Concept' in Antitrust Law", *Antitrust Law Journal*, 1980, 49, pp. 1145 – 1154.

[144] Upshaw, W. F., "The Relevant Market in Merger Decisions: Antitrust Concept or Antitrust Device?", *Northwest University Law Review*, 1965, 60, pp. 424 – 486.

pp. 329－353.

[163] Whalen, G., "Time Series Methods in Geographic Market Definition in Banking", paper presented at the Atlantic Economic Association Meetings, 1990.

[164] White, L. J., "Wanted: A Market Definition Paradigm for Monopolization Cases", Feb. 1999, Available at SSRN: http://ssrn.com/abstract=164869.

[165] White, L. J., "Market Definition in Monopolization Cases: A Paradigm Is Missing", New York University Law and Economics Working Papers, Paper 35, 2005, Available at http://lsr.nellco.org/nyu_lewp/35.

[166] 保罗·萨缪尔森和威廉·诺德豪斯：《经济学》（第18版），人民邮电出版社，2008。

[167] 毕桂花：《反垄断法中界定相关市场问题研究》，中国海洋大学硕士学位论文，2009。

[168] 曹虹：《论反垄断法中相关市场的界定》，《现代管理科学》2007年第11期。

[169] 陈维：《论反垄断调查中相关市场的界定问题》，中国政法大学硕士学位论文，2010。

[170] 程然然：《论银行业反垄断的相关市场界定》，《安徽工业大学学报（社会科学版）》2010年第2期。

[171] 戴龙：《反垄断法中的相关市场界定及我国的取向》，《北京工商大学学报（哲学社会科学版）》2012年第1期。

[172] 丁茂中：《美国反垄断法中界定"相关市场"的临界损失分析法》，《西南政法大学学报》2008年第6期。

[173] 董红霞、单向前:《企业并购规制中的市场界定问题研究》,《郑州大学学报(哲学社会科学版)》2006年第3期。

[174] 董莹:《论反垄断法中相关产品市场的界定》,对外经济贸易大学硕士学位论文,2006。

[175] 房玉茜:《相关市场界定方法的比较研究》,山东大学硕士学位论文,2010。

[176] 菲利普·科特勒、洪瑞云、梁绍明、陈振忠:《市场营销管理》(亚洲版,第二版),中国人民大学出版社,2001。

[177] 黄坤:《企业并购中的相关市场界定:理论与实证》,中国社会科学院研究生院博士学位论文,2011。

[178] 黄坤、张昕竹:《可口可乐拟并购汇源案的竞争损害分析》,《中国工业经济》2010年第12期。

[179] 黄坤、张昕竹:《"可以获利"与"将会获利":基于情景分析比较相关市场界定结果》,《中国工业经济》2013年第3期。

[180] 江锴:《反垄断法实施中的相关产品市场界定研究》,上海社会科学院硕士学位论文,2009。

[181] 金朝武:《论相关市场的界定原则和方法》,《中国法学》2001年第4期。

[182] 李虹、张昕竹:《相关市场的认定与发展及对中国反垄断执法的借鉴》,《经济理论与经济管理》2009年第5期。

[183] 李剑:《双边市场下的反垄断法相关市场界定——〈百度案〉中的法与经济学》,《法商研究》2010年第5期。

[184] 李娟:《论反垄断法中相关市场的界定》,中国政法大学硕士学位论文,2010。

[185] 林飞翔:《中国反垄断相关市场的界定研究》,厦门大学硕士学

位论文，2009。

[186] 罗凌、郭丽娜：《网络时代反垄断法中"相关市场"的界定》，《绵阳师范学院学报》2007年第1期。

[187] 桑喆：《论外资并购法下相关市场界定若干法律问题》，华东政法大学硕士学位论文，2008。

[188] 商梦莹：《反垄断法中相关市场界定问题研究》，《法制与社会》2009年第25期。

[189] 时建中、王伟炜：《〈反垄断法〉中相关市场的含义及其界定》，《重庆社会科学》2009年第4期。

[190] 斯蒂格利茨：《经济学》，中国人民大学出版社，1997。

[191] 孙凌云：《论反垄断法中相关市场的界定》，《经济师》2008年第12期。

[192] 孙天承：《我国反垄断立法对相关市场界定之不足及其完善》，《江苏警官学院学报》2009年第2期。

[193] 唐绍均：《反垄断法中与新经济行业相关市场的界定》，《现代经济探讨》2008年第11期。

[194] 田明君、徐斌：《相关市场界定的主要方法及其对中国反垄断法的启示》，《辽东学院学报（社会科学版）》2007年第2期第9卷。

[195] 王国红：《论美国银行并购反垄断的相关市场界定》，《湖北经济学院学报》2009年第3期。

[196] 王立国：《论相关市场的界定标准》，《经济研究导刊》2008年第3期。

[197] 王立晶、王玮：《对我国相关市场界定模式的初探》，《价格与市场》2004年第12期。

[198] 王士亨：《反垄断法中的相关市场问题研究》，山西大学硕士学位论文，2005。

[199] 王先林：《论反垄断法实施中的相关市场界定》，《法律科学——西北政法大学学报》2008年第1期。

[200] 王晓晔：《举足轻重的前提——反垄断法中相关市场的界定》，《国际贸易》2004年第2期。

[201] 王晓晔：《我看商务部关于可口可乐并购汇源的决定》，《21世纪经济导报》2009年3月24日。

[202] 王姚瑶：《反垄断法中知识产权相关市场的界定》，《市场周刊（理论研究）》2009年第10期。

[203] 吴韬：《互联网行业反垄断案件中的相关市场界定：美国的经验与启示》，《电子知识产权》2011年第5期。

[204] 徐斌：《SSNIP市场界定方法、缺陷及其改进》，《江西行政学院学报》2008年第1期。

[205] 姚保松：《论公用企业反垄断相关市场的界定》，《北京科技大学学报（社会科学版）》2008年第2期。

[206] 余东华：《反垄断法实施中相关市场界定的SSNIP方法研究——局限性及其改进》，《经济评论》2010年第2期。

[207] 张皓英：《论反垄断法中相关市场界定》，对外经济贸易大学硕士学位论文，2006。

[208] 张金灿、周晓唯：《相关市场界定问题研究》，《西安财经学院学报》2010年第4期。

[209] 张静、陈硕颖、曾金玲：《银行卡产业并购规制的相关市场界定研究》，《财贸经济》2008年第10期。

[210] 张俊文：《反垄断法中的市场界定》，《现代法学》2001年第3期。

[211] 张小娟:《论我国反垄断法实施中的相关市场界定》,《华商》2008 年第 4 期。

[212] 张小强、卓光俊:《论网络经济中相关市场及市场支配地位的界定——评〈中华人民共和国反垄断法〉相关规定》,《重庆大学学报(社会科学版)》2009 年第 5 期。

[213] 张昕竹:《非横向并购中的相关市场界定》,《西部金融》2010 年第 5 期。

[214] 张志奇:《相关市场界定的方法及其缺陷》,《北京行政学院学报》2009 年第 4 期。

[215] 赵业新:《欧美反垄断法的相关市场界定问题研究》,厦门大学硕士学位论文,2007。

[216] 仲春:《互联网行业反垄断执法中相关市场界定》,《法律科学》2012 年第 4 期。

索 引

备选市场　4，6，7，16，17，40，
　42，45 - 49，51，53 - 61，63，64，
　66，67，69，72，74 - 77，79 - 84，
　87，88，90 - 96，100，103 - 107，
　109 - 115，117 - 120，123 - 128，
　130，132，134 - 142，147，156，
　168，172，181，183 - 186
边际成本可变　131，132，141
Oracle/Sun 并购案　173
并购模拟　5，19，25，26，33
产业　5，11，18，20 - 24，30，33，
　37，52 - 54，60，61，70，160，
　187，210
单一价格上涨方式　54，55，57，60，
　72，77，78，82 - 85，88 - 90，92，
　94 - 96，99 - 101，104 - 106，108 -
　114，137 - 141
独有的特征和用途测试　36

Lerner 方程　55，57 - 60
UPP 方法　5，25，26，31，33
供给替代　5，15，16，25，27 - 30，
　33，37，146，164，165，186
合理的互换性测试　35
机会成本法　5，34，48，67 - 69
价格等同性检验　34，38，42
价格调整速度检验　34，38，39，42
价格平稳性检验　34，38，41
价格相关系数检验　31，34，38 - 41
价格相关性检验　5，31，34，35，
　38，40 - 42，69，171
价格协整检验　31，34，38，40，41
聚类市场法　5，30，37，38，68
可口可乐拟并购汇源案　32，47，
　148，178，188，208
"利润不变"版　100
临界弹性分析　5，6，31，34，48，

64－67，69－71，75，78，80，81，85，95，118，120－125，128，135，168－170，172

临界分析方法　71－75，78－82，84，85，95，98，113－115，120－122，125，137－140，147，168，172

临界净损失　55，76，78，82－85，106－108，110－114

临界损失　25，48－56，60，62，65，66，79，80，84，96－101，106，107，112，120，121，129－134，138－140

临界损失额　78，82－85，106－110，112

临界损失分析　5－7，25，30，31，34，48，49，52－54，56，59，61，62，64－71，73，75，76，78，79，81，82，84，85，95－101，103－110，112－114，118，120－126，128，130－135，137，142，148，168－170，172，207

毛利润率　49，51－58，60，61，63，65，67，68，70，73，83，88，89，119，132－134，166－169，188

剩余需求分析　5，31，34，48，66，67，69，70

实际损失　25，48－50，55－59，62，65，66，70，79，83，84，96－101，103，106－113，120，122，128－134，139，140

市场支配力　1，2，4，5，15，18，20，23，25，28－30，33，40，46，47，60，65，66，155，178

统一价格上涨方式　55，57，58，60，72，76－78，84，85，89，90，92，94，95，98－100，103，105，108－114，137，139－141

相关产品市场　7，12，45，46，66，129，145－147，150，163，164，166－168，170－172，177，181，183，185，188，208

相关地域市场　7，12，32，40，42－46，66，145，147，170，171，186－188

需求交叉弹性法　5，34，35，68

需求曲线存在尖点　7，16，63，65，126－128，131－133，141，142

需求替代　5，27－30，33，37，146，164，178，184

运输流量法　31，42，44，69

转移率分析　5，6，34，48，59－63，67，69－71，73，75，78，80，81，85，95，96，98，99，102－105，113，114，120，125，135，168

子市场　13－15，30，36，37

213

后　记

本书是在我的博士论文基础上修改完成的。时隔两年再次重读当初的后记，感觉还是有耳目一新的感觉。闭目沉思良久，也没有找到更好的完善思路。黔驴技穷也！故将原生态的后记呈现给大家，请君品尝当初完成论文时的轻松、不舍和憧憬……

自1985年8月踏入校门以来，我已经读完了小学、初中、高中、本科、硕士。随着博士论文的完成，我将获得中国最高学位——博士。求学路即将完结。回首21年的求学生涯，感慨良多。曾经的懵懂少年已经略懂人情世故，浓黑的头发已有凋零之势，明亮的双眸已经看不清镜中的我……没有换来满腹经纶的才气，也没有换来指点江山的豪气，只修来养家糊口的底气。俱往矣，能否风流，还看明朝。

俗话说：父母是最好的老师。父母是一介草民，勤劳朴素，为人善良，诚实守信，具有中华民族的传统美德。在他们的言传身教下，我自幼勤劳善良，尊长爱幼，礼貌待人……今天父母已逾花甲之年，仍在处处为我操心。羞也！愧也！在此，磕头谢罪！

古人云：名师出高徒，严师出好徒。在攻读博士期间，能拜在恩师张昕竹门下，三生有幸也。他既是名师，又是严师。他是中国著名的经济学家，也以学术严谨著称。在恩师的提点和督促下，我在学术上大有长进。在国内核心期刊上，发表了5篇学术论文，参与了多项部级科研项目。在此，鞠躬致谢！

另外，真诚感谢浙江财经学院的王俊豪教授、北京大学光华管理学院的武常歧教授、中国人民大学的吴汉洪教授、天津财经大学的于立教授和山东大学的于良春教授在百忙之中评阅我的论文。衷心感谢中国社会科学院工业经济研究所的李海舰研究员、吴汉洪教授、于立教授、于良春教授、中国社会科学院数量经济与技术经济研究所张晓研究员抽出宝贵的时间担任我的论文答辩委员会委员。在此，道一声：您们辛苦了！

子曰：三人行，必有我师焉。自幼与哥哥在很多事情上意见相左，虽不是处处与哥哥"作对"，但也时时捍卫自己的立场。在龙马争斗中，我逐渐成长起来了。随着年龄的增长，我们都学会了倾听，兄弟情谊日浓。说过了亲兄弟，再说说师兄弟。马源和冯永晟师兄每遇到好的文献都第一时间与我分享，耐心为我解答学习中的困惑。向军师兄每周不厌其烦地通知我参加讨论。在与方燕、王磊和刘自敏师弟的讨论中，我也获益良多。另外，在与上海财大的子东兄的切磋和讨论中，也受益匪浅。说过了同门，说同窗。在与2008级博士三班同学们的交往中，我度过了三年的快乐时光。在此，抱拳道谢！

歌唱：军功章里有我的一半，也有她的一半。六年相伴，三年厮守。她是妻子、合作者和秘书。她一方面在学术上辅佐我，另一方面在生活上照顾我。人生得一知己足矣，何况她是知己亦是贤妻。人生在世，夫复何求？！大恩不言谢，愿与此君厮守到老。

图书在版编目(CIP)数据

企业并购审查中的相关市场界定：理论与案例／黄坤著.
—北京：社会科学文献出版社，2013.8
ISBN 978-7-5097-4817-6

Ⅰ.①企… Ⅱ.①黄… Ⅲ.①企业兼并-审计-市场学-研究 Ⅳ.①F239.6

中国版本图书馆 CIP 数据核字（2013）第 149204 号

企业并购审查中的相关市场界定：理论与案例

著　　者	/	黄　坤
出 版 人	/	谢寿光
出 版 者	/	社会科学文献出版社
地　　址	/	北京市西城区北三环中路甲29号院3号楼华龙大厦
邮政编码	/	100029
责任部门	/	经济与管理出版中心　(010) 59367226
电子信箱	/	caijingbu@ssap.cn
项目统筹	/	恽　薇
经　　销	/	社会科学文献出版社市场营销中心　(010) 59367081　59367089
读者服务	/	读者服务中心　(010) 59367028
责任编辑	/	张景增
责任校对	/	张成海
责任印制	/	岳　阳
印　　装	/	北京鹏润伟业印刷有限公司
开　　本	/	787mm×1092mm　1/16
印　　张	/	14.25
版　　次	/	2013年8月第1版
字　　数	/	183千字
印　　次	/	2013年8月第1次印刷
书　　号	/	ISBN 978-7-5097-4817-6
定　　价	/	45.00元

本书如有破损、缺页、装订错误，请与本社读者服务中心联系更换

▲ 版权所有　翻印必究